Mit Kindern Neues entdecken

Der BildungsRahmenPlan im Praxisalltag

DIESES BUCH
gehört:

IYANKA

HUTTERER

Irmgard Kober-Murg Birgit Parz-Kovacic

Mit Kindern Neues entdecken

Der BildungsRahmenPlan im Praxisalltag

Fachverlag
UNSERE KINDER

Hinweise zu diesem Buch:

• Da im Kindergarten St. Johann-Köppling, aus dem alle dokumentierten Praxisbeispiele stammen, ausschließlich weibliche Fachkräfte tätig sind, ist im Text durchgehend von Pädagoginnen die Rede. Nur bei allgemeinen und über die konkrete Beschreibung hinausgehenden Bezeichnungen findet sich das „Binnen-I". Andererseits wurde um der leichteren Lesbarkeit willen in anderen Fällen (z. B. „jeder") auf geschlechtergerechte Schreibweise verzichtet. Selbstverständlich sind jedoch Frauen und Männer im pädagogischen Berufsfeld gleichermaßen angesprochen.

• Es ist den Autorinnen ein Anliegen, den häufig verwendeten Begriff „Eltern" über die biologischen Mütter und Väter hinaus zu verstehen. Damit sind ebenso Erziehungsberechtigte (wie z. B. Stief-, Groß- oder Pflegeelternteile) gemeint.

• Die einleitenden Formulierungen zu den jeweiligen Bildungsbereichen bei jedem Praxisbeispiel (in den Mind-Maps bzw. zu Beginn der Kapitel) verstehen sich nicht als Ziele, sondern vielmehr als Beschreibung der kindlichen Kompetenzen. Stets geht es darum, aufzuzeigen, was das Kind „kann" ...!

Dieses Buch wird beim Unterrichtsministerium zur Approbation als Lehrbehelf für das Fach Praxis/ Didaktik an BAKIPs eingereicht. Im Fall der Aufnahme in den Anhang zur Schulbuchliste gelten dafür die gesonderten Richtlinien für Schulbücher.
Besonders weisen wir darauf hin, dass das Kopieren zum Schulgebrauch aus diesem Buch verboten ist – § 42 Absatz (3) der Urheberrechtsgesetznovelle 1996: „Die Befugnis zur Vervielfältigung zum eigenen Schulgebrauch gilt nicht für Werke, die ihrer Beschaffenheit und Bezeichnung nach zum Schul- oder Unterrichtsgebrauch bestimmt sind."

Bestelladresse

Das Buch ist im Buchhandel nicht erhältlich, sondern ausschließlich
über den Fachverlag UNSERE KINDER:
A-4020 Linz, Kapuzinerstraße 84
Tel. +43 (0) 732/7610-2091
Fax +43 (0) 732/7610-2121
E-Mail: unsere.kinder@caritas-linz.at
Internet: www.unserekinder.at

Fotos: Irmgard Kober-Murg
Korrektorin: Renate Hinterberger-Leidinger
Umschlaggestaltung, Layout, Satz und Repro: Lois Jesner, Linz
Druck: Trauner Druck, Linz
ISBN 978-3-9503912-0-6

Inhaltsverzeichnis

Vorwort   7

Einleitung   8

Die Entdeckung der Regenwürmer   11
    Ein Bilderbuch entsteht   20

Ytong – ein vielfältiges Material   21
    Ausstellung im öffentlichen Raum   30

Licht und Schatten   31
    Bildungs- und Lerngeschichte   41

Wettertagebuch   43
    Entwicklung und Differenzierung von Kompetenzen   52

Reise ins Weltall   55
    Elternbildungspartnerschaft   64

Regen, Pfützen, Wasserspaß   65
    Naturerfahrungen als Qualitätsmerkmal   77

Frisch aus unserem Garten   79
    Entwicklungsportfolio   90

Unterwegs auf der Notenspur   91

Da sind wir daheim   103

Rund um den Kürbis   115

Anhang: Verwendete, zitierte und weiterführende Literatur   125

Vorwort

Im vorliegenden Buch finden Sie, orientiert an den Interessen der Kinder, die praxisnahe Beschreibung von zehn „Bildungsthemen", welche die Verknüpfung mit dem Bundesländerübergreifenden BildungsRahmenPlan beispielhaft aufzeigen.

Im gruppenübergreifend offen geführten Kindergarten St. Johann-Köppling gestalten Kinder im eigenen Tempo nicht nur ihre Lernprozesse, sondern auch ihr soziales und kulturelles Umfeld aktiv mit. Interessen der Kinder und Bildungsanlässe aus dem Alltag werden vom pädagogischen Team aufgegriffen. Sowohl drinnen wie draußen finden Kinder spannende Funktionsbereiche vor, ausgestattet mit anregenden Materialien, die zum Ausprobieren und Verweilen einladen.

Die Pädagoginnen vertrauen auf die Entwicklungspotentiale der Kinder und den damit verbundenen selbstinitiierten, -gesteuerten und -geregelten Situationen als grundlegende Lernvoraussetzung. Sie sehen sich als Bezugspersonen, Begleiterinnen, Unterstützerinnen, Zuhörerinnen, Lernpartnerinnen und Moderatorinnen. Es gibt keine starren Planungen oder Programme, sondern das Aufgreifen von Themen und Interessen der Kinder sowie kindgerecht gestaltete Innen- und Außenräume stehen im Vordergrund.

Um Bildungsthemen der Kinder zu erkennen, lassen sich die Pädagoginnen auf einen ernsthaften Dialog ein und tauchen respektvoll und neugierig in die Weltansicht der Kinder ein. Die kontinuierliche Dokumentation der Pädagoginnen über Bildungsinteressen und -prozesse jedes Kindes dienen als Grundlage für die Planung der pädagogischen Arbeit. Portfolios, die mit Lerngeschichten ergänzt werden, sind eine Form der Dokumentation im Kindergarten und bieten Grundlage für Team- und Entwicklungsgespräche mit den Eltern.

Die pädagogische Arbeit im Kindergarten St. Johann-Köppling unter der Leitung der Pädagogin Michaela Spari, hat es ermöglicht, die Inhalte des BildungsRahmenPlans praxis-nah darzustellen. Durch die offene Haltung des Teams, die konstruktive Zusammenarbeit, den regen Austausch und die Einblicke in den Kindergartenalltag konnte dieses Buch entstehen.

Unser besonderer Dank geht an Frau Spari sowie an das gesamte Team ihres Hauses, das gerne mit viel Geduld offene Fragen beantwortet hat. Auch allen Kindern und ihren Familien sei für die Bereitschaft, in einem Buch vorzukommen, gedankt.

Sehen Sie dieses Buch als Einladung, Einblicke in eine gelungene Kindergartenpraxis zu gewinnen, die den gesetzlichen Auftrag, den Bundesländerübergreifenden BildungsRahmenPlan umzusetzen, abbilden.

Irmgard Kober-Murg
Birgit Parz-Kovacic

Einleitung

Im Jahr 2009 wurde in Österreich ein weitreichender Beschluss für die elementare Bildung gefasst: Ein gemeinsamer Rahmen aller Bundesländer für Bildung in Kinderkrippen, Kindergärten und Horten wurde festgelegt und im „Bundesländerübergreifenden BildungsRahmenPlan für elementare Bildungseinrichtungen in Österreich" niedergeschrieben. Basierend auf aktuellen wissenschaftlichen Erkenntnissen über frühkindliche Bildung und angepasst an gesellschaftliche Entwicklungen wurde damit ein öffentlichkeitswirksamer Meilenstein in der Anerkennung und Betrachtung der pädagogischen Arbeit in elementaren Bildungseinrichtungen gelegt.

Der BildungsRahmenPlan bietet allerdings keine konkrete Handlungsanweisung für pädagogische Fachkräfte, sondern bildet einen Rahmen für die Arbeit.

Er beschreibt

- die pädagogische Orientierung mit dem Bild vom Kind und seinen Lernprozessen, der Rolle der PädagogInnen und den durchgängigen Prinzipien für Bildungsprozesse
- das Bildungsverständnis und Ergebnisse elementarer Bildungsprozesse (Entwicklung und Differenzierung von Kompetenzen)
- sechs Bildungsbereiche, die nicht getrennt, sondern ineinander verwoben zu betrachten sind
- Transitionen
- pädagogische Qualität als Voraussetzung für die Entwicklung der Kompetenzen der Kinder und damit für ihre Bildungsbiografie.

Den pädagogischen Fachkräften kommt die Aufgabe zu, dieses Bildungs- und Erziehungsverständnis als zentrale Leitideen in ihr eigenes pädagogisches Grundverständnis zu übertragen und zu integrieren. Schließlich sollen diese als Leitlinie für die Planung und Durchführung der pädagogischen Arbeit mit den Kindern dienen. Das Übertragen der theoretischen Ausführungen in die Praxis und das Herstellen eines Bezugs zum Kindergartenalltag ist jedoch oft schwierig.

Das Buch möchte daher praxisnahe Einblicke in eine am BildungsRahmenPlan orientierte Gestaltung der pädagogischen Arbeit in einem Kindergarten geben. Entsprechend der pädagogischen Orientierung des BildungsRahmenPlans rückt die Rolle der PädagogInnen dabei in den Vordergrund.

Zentrales Element ihrer Arbeit ist es, Kinder in ihrer Entwicklung und ihren Bildungsprozessen ko-konstruktiv zu begleiten. Der BildungsRahmenPlan beschreibt Kinder als „Ko-Konstrukteure von Wissen, Identität, Kultur und Werten" und besagt, dass Kinder ihr eigenes Wissen von der Welt entwickeln. Das Wissen wird nicht einseitig vom Erwachsenen an die Kinder vermittelt, sondern Bildungsprozesse werden gemeinsam gestaltet. Die Erwachsenen nehmen Antworten nicht vorweg, sondern begleiten die Lernstrategien und Lösungswege der Kinder.

Zudem ist es ihre Aufgabe, eine anregende Bildungsumgebung vorzubereiten, stabile Beziehungen aufzubauen und unterstützende Interaktionen zu gestalten, die eine Beschäftigung mit den Themen der Kinder sicherstellen. Somit ist die Selbstbildung des Kindes möglich und eigene Kompetenzen können erworben, gefestigt und erweitert werden.

Für die Planung und Durchführung von Bildungsangeboten orientieren sich die PädagogInnen an den zwölf handlungsleitenden Prinzipien, die im BildungRahmenPlan ausgeführt sind. Individualisierung, Differenzierung, Diversität und Inklusion stellen die Einzigartigkeit jedes Kindes in den Mittelpunkt und berücksichtigen Stärken und Begabungen. Partizipation wird in vielen Alltagssituationen gelebt und Kinder erfahren Wertschätzung und Respekt.

Die sechs Bildungsbereiche dienen als Planungs- und Reflexionsgrundlage, um Kindern eine Vielfalt an Angeboten und Möglichkeiten zu eröffnen, aus der sie auswählen und ihren Interessen nachgehen können.

Beobachtung und Dokumentation kindlicher Entwicklung sind wesentliche Bestandteile der pädagogischen Arbeit. Die konstante und sorgfältige Reflexion gehört zu den professionellen Kompetenzen der Fachkräfte und stellt einen wichtigen Beitrag zur Qualitätssicherung dar.

Grundlage für alle Bildungs- und Entwicklungprozesse ist eine Atmosphäre des Vertrauens und Sich-Wohlfühlens sowie das Vorhandensein von geeigneten Bezugspersonen im Sinne einer sicheren Bindung. Darauf aufbauend gestalten die PädagogInnen ansprechende Räume mit anregenden Materialien, die zum Experimentieren und Erforschen einladen und „Werkstatt-charakter" besitzen. Dabei wird den selbstgesteuerten Lernprozessen der Kinder ausreichend Zeit gegeben, aber es werden auch Bildungsangebote und Impulse durch PädagogInnen gesetzt.

Zum Aufbau des Buchs:

Zu Beginn jedes Kapitels ist ein „Impuls" beschrieben, der den Ausgangspunkt für das folgende Bildungsthema darstellt. Dieser Impuls entsteht aus Beobachtungen, Interessen einzelner Kinder oder durch Ereignisse und Erlebnisse aus dem Alltag. Das Team der Pädagoginnen greift diese auf und stimmt die Planung der pädagogischen Arbeit darauf ab. Die Ganzheitlichkeit der Bildungsprozesse soll durch die Darstellung der Aktivitäten entsprechend der sechs Bildungs-bereiche des BildungsRahmenPlans verdeutlicht werden. Oft sind die einzelnen Bereiche schwer voneinander zu trennen, sie überschneiden sich oder bedingen einander. Dennoch ist es wichtig, die bereichsspezifischen Entwicklungsschritte der Kinder zu erkennen und richtig einzuordnen, um Angebote auf Themen der Kinder entwicklungsgemäß abzustimmen und planen zu können. Die Prinzipien der Individualisierung, Differenzierung und Partizipation lassen sich durch das Aufgreifen individueller Vorlieben, Stärken und Ideen einzelner Kinder in den Praxisbeispielen erkennen. Jedem Bildungsbereich sind Kompetenzformulierungen, die den Beispielen zugehörig sind, vorangestellt.

Zu einigen Kapiteln sind Zusätze formuliert, die ergänzende Informationen zur pädagogischen Arbeit im Kindergarten bieten und Themen der Qualitätssicherung aufgreifen.

Die Entdeckung der Regenwürmer

Impuls:

Ausgehend von Herbstarbeiten in Garten und Hochbeet – ausgraben, umgraben, zurückschneiden, abernten – stellen die Kinder Fragen. „Wächst auch im Winter etwas im Hochbeet?" „Gibt es etwas, was wir im Herbst im Beet aussäen können?" Diese Fragestellungen regen ein gemeinsames Forschen an und führen zur Aussaat von ungebeiztem Winterweizen.

Die Entdeckung der Regenwürmer

Bewegung und Gesundheit

- Psychomotorische Erfahrungen (Verknüpfung von Körper-, Material-, und Sozialerfahrungen)
- Körpergefühl und Raumorientierung stärken
- Motorische und koordinative Fähigkeiten und Fertigkeiten erproben und verfeinern (Grob-, Feinmotorik, Kraft, Raumorientierung, Gleichgewicht beim Graben im Hochbeet)
- Spezifische Bewegungsangebote: Bewegungsspiele und Tänze
- Gesundheitsbewusstsein: richtige Auswahl der Kleidung und Schuhe im Garten bei trübem Wetter und Nieselregen; mögliche Gefahrenquellen erkennen und einschätzen (im Umgang mit Werkzeugen ...)

Ethik und Gesellschaft

- Wertschätzender Umgang mit Natur und Lebewesen
- Grundhaltung des Staunens und der Achtsamkeit sowie Ausdrucksformen dafür entwickeln
- Wertschätzung durch die Pädagogin und die anderen Kinder erfahren: Zeit haben, sich mit Ruhe und Ausdauer seinen aktuellen Vorhaben widmen zu können, seine Neugierde auszuleben, vielfältigste Erfahrungen zu machen, Probleme partnerschaftlich besprechen und lösen

Emotionen und soziale Beziehungen

- Schwierige Situationen aktiv bewältigen durch Interaktionen mit Erwachsenen und Kindern, durch Eingehen von Kooperationen
- Gefühle anderer interpretieren, sich einfühlen und hilfsbereit sein
- Eigene Wünsche und Bedürfnisse ausdrücken und selbstbewusst vertreten

Sprache und Kommunikation

- Sprachlichen Ausdruck für zeitliche Abfolgen im Jahreskreislauf finden
- Begriffsbildung und Wortschatzerweiterung
- Verschiedene Frageformen verwenden (Vergleichsfragen, den Zusammenhang klärende Fragen, Informationsfragen ...)
- Verschiedene Kommunikationsanlässe in unterschiedlichen Sozialformen: das Forschungsinteresse beschreiben, Informationsweitergabe, Arbeitsaufträge formulieren, verbale Hilfestellung leisten
- Ergebnisse dokumentieren und protokollieren
- Bücher und digitale Medien: Nachschlagen in Sachbüchern und Lexika, Geschichten, Gedichte, Reime zur Thematik anbieten, Internetrecherche zur Klärung offener Fragen
- Selbständig Geschichten erfinden, illustrieren und als Buch binden
- Begriffe in unterschiedlichen Sprachen erfahren (Erstsprachen der Kinder)

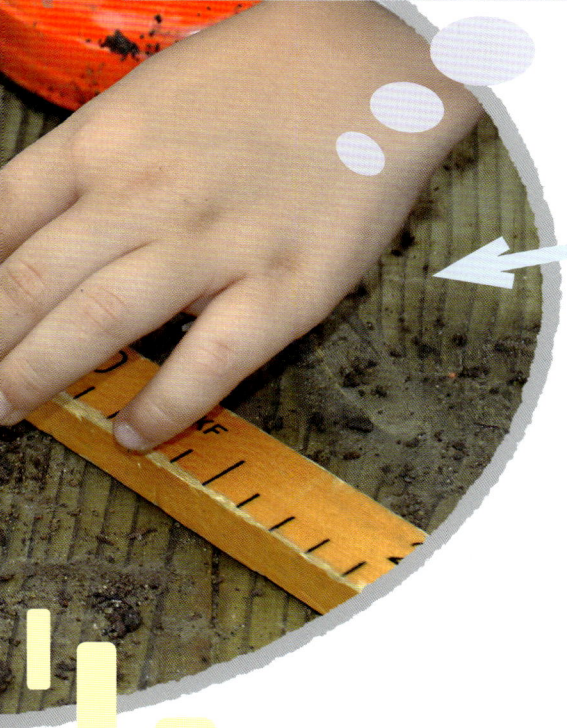

Natur und Technik

- Einsicht in ökologische Zusammenhänge sowie jahreszeitliche Kreisläufe in der Natur gewinnen
- Forschende Haltung einnehmen – Hypothesen aufstellen und überprüfen
- Lustvolle Auseinandersetzung mit Mathematik und Physik: Messgeräte verwenden, Messergebnisse dokumentieren und vergleichen, Größen – Reihenfolgen erstellen und in Diagrammen festhalten
- Naturwissenschaftliche Gesetzmäßigkeiten durch praktisches Anwenden und systematisches Erkunden (Hebelwirkung beim Schaufeln, Gleichgewicht erkennen und beeinflussen) erfahren
- Sachgerechter Umgang mit Werkzeug (Lupen, Schaufeln, Bohrer ...)

Ästhetik/Gestaltung

- Lieder und Verse kennenlernen bzw. vertonen: szenisch, instrumental und vokal gestalten
- Unterschiedliche Gestaltungs- und Ausdrucksmöglichkeiten wählen (grafische oder plastische Darstellung der Würmer und Gänge)
- Verschiedene Materalen und Techniken als Ausdrucksmöglichkeit erfahren
- in eigenen Gestaltungen Ziffern verwenden (Dokumentation der Messungen)

Emotionen und soziale Beziehungen

- Schwierige Situationen aktiv bewältigen durch Interaktionen mit Erwachsenen und Kindern, durch Eingehen von Kooperationen
- Gefühle anderer interpretieren, sich einfühlen und hilfsbereit sein
- Eigene Wünsche und Bedürfnisse ausdrücken und selbstbewusst vertreten

David, Sebastian, Tobias und Camila hebeln, bohren, graben, schaufeln. Das Platzangebot im Hochbeet ist begrenzt, jeder braucht Raum für den Aushub. Bald behindern sich die Kinder gegenseitig in ihrer Tätigkeit. Eine Lösung wird gefunden: „Ich grab da!" „Und ich da und du da, dann hat jeder Platz." Jeder begutachtet die Grabetechnik des anderen und probiert verschiedene aus. Die Kinder vergleichen und besprechen ihre persönlichen Erfolge. Löcher, die noch nicht tief genug sind, werden analysiert und gegenseitige Hilfestellungen für das Weitergraben gegeben.

Der erste Regenwurm wird entdeckt. Die Freude ist groß: Der Finder wird bejubelt und der Fund begeistert betrachtet. Der Ehrgeiz, selbst einen auszugraben, wird geweckt. „Ich hab einen, der ist so lang und der kommt in meine Becherlupe", stellt David fest.

Auch die anderen Kinder finden Regenwürmer, nur Camila nicht. Sie ist enttäuscht. Sie versucht an anderer Stelle zu graben, findet dennoch keinen. „In euren Löchern sind die Würmer, nur bei mir nicht!" David erkennt ihre Enttäuschung und reagiert. „Den nächsten, den ich finde, kannst du für deine Becherlupe haben." Tatsächlich übergibt David den nächsten Regenwurmfund an Camila, die diesen behutsam in die Becherlupe legt.

Bald erkennen die Kinder, dass Becherlupen kein geeigneter Lebensraum für Regenwürmer sind. Es ist zu eng für sie, sie können auch nicht graben. „Regenwürmer müssen immer graben, sie brauchen die Erde, sonst sterben sie", stellt Camila fest. Diese Gedanken besprechen Sie mit der Pädagogin, die daraufhin das vorhandene Terrarium zur Verfügung stellt. David und Sebastian befüllen das Terrarium mit Erde, bohren mit den Fingern Löcher, in welche sorgsam die gefundenen Regenwürmer gelegt und schließlich Weizenkörner darübergesät werden.

Im Gesprächskreis berichten die vier von ihrer Aktivität und präsentieren stolz ihr „Regenwurmterrarium". „Wer etwas wissen will, der kann gern zu mir kommen. Ich kenn mich nämlich mit den Würmern aus", bietet David an. Einige Kinder der Gruppe sind neugierig und nutzen sein Angebot. Auch die anderen beteiligten Kinder erzählen begeistert und teilen ihre Erfahrungen mit.

Ethik und Gesellschaft

- Wertschätzender Umgang mit Natur und Lebewesen
- Grundhaltung des Staunens und der Achtsamkeit sowie Ausdrucksformen dafür entwickeln
- Wertschätzung durch die Pädagogin und die anderen Kinder erfahren: Zeit haben, sich mit Ruhe und Ausdauer seinen aktuellen Vorhaben widmen zu können, seine Neugierde auszuleben, vielfältigste Erfahrungen zu machen, Probleme partnerschaftlich besprechen und lösen

Bevor die Kinder mit der Arbeit beginnen, wird eine Rückschau auf den vorjährigen Ernteertrag gehalten: „Wir haben Radieschen und Karotten geerntet – für unsere Jause", sagt Sebastian. „Das war viel Arbeit, das Gießen" ergänzt Camila.

Während des Grabens überlegen die Kinder, wie der Winterweizen wohl aussieht. Tobias ist fasziniert von der Erde zwischen seinen Fingern. Er staunt über die Zusammensetzung und hält inne. Er betrachtet die einzelnen Teile interessiert. Er lässt die Erde immer wieder zwischen seinen Fingern auf den Boden rieseln und beobachtet den Vorgang.

Der erste Regenwurm wird entdeckt. „Du musst vorsichtig sein, mit dem Wurm", ermahnt Camila. „Schau, der hat da den Kopf." Alle bestaunen das gefundene Lebewesen. Sorgsam legen sie den Wurm in eine Becherlupe und beobachten seine Bewegungen, sein „Kringeln". Die Pädagogin unterstützt die teilnehmenden Kinder, indem sie ihnen Materialien bereitstellt, sich für ihr Tun interessiert und sich dafür Zeit nimmt. So stellen die Kinder fest, dass die Becherlupe zwar keinen geeigneten Lebensraum für Regenwürmer darstellt, sie aber die Würmer noch länger beobachten möchten. „In den Becherlupen ist zu wenig Platz." „Außerdem brauchen sie Erde und Pflanzen zum Überleben." Die Pädagogin bringt daraufhin das Terrarium in den Garten. Gewonnene Erkenntnisse werden mit der Pädagogin geteilt und auftretende Schwierigkeiten gemeinsam gelöst.

Die Einigung darüber, dass alle Würmer eine gemeinsame Heimat im „Regenwurmterrarium" finden sollen, wird diskutiert und einstimmig beschlossen. „Die anderen Kinder sollen unsere Würmer auch sehn!" „Die müssen unbedingt alle sehen!" Dass sie nach einiger Zeit wieder ins Hochbeet heimkehren, ist selbstverständlich. „Die Würmer sind wichtig für die Pflanzen", erklärt Camila „die machen die Erde weich!"

Das „Regenwurmterrarium" findet im Foyer des Kindergartens einen gut einsehbaren Platz, wodurch zahlreiche Gespräche zwischen Kindern und Eltern angeregt werden.

Sprache und Kommunikation

- Sprachlichen Ausdruck für zeitliche Abfolgen im Jahreskreislauf finden
- Begriffsbildung und Wortschatzerweiterung
- Verschiedene Frageformen verwenden (Vergleichsfragen, den Zusammenhang klärende Fragen, Informationsfragen …)
- Verschiedene Kommunikationsanlässe in unterschiedlichen Sozialformen: das Forschungsinteresse beschreiben, Informationsweitergabe, Arbeitsaufträge formulieren, verbale Hilfestellung leisten
- Ergebnisse dokumentieren und protokollieren
- Bücher und digitale Medien: Nachschlagen in Sachbüchern und Lexika, Geschichten, Gedichte, Reime zur Thematik anbieten, Internetrecherche zur Klärung offener Fragen
- Selbständig Geschichten erfinden, illustrieren und als Buch binden
- Begriffe in unterschiedlichen Sprachen erfahren (Erstsprachen der Kinder)

Die Pädagogin stellt die Frage, ob den Kindern das mitgebrachte Saatgut bekannt ist. David, Tobias und Camila rätseln, um welche Körner es sich handeln könnte. „Mais ist das nicht, denn kenn ich nämlich!", stellt David fest. „Kürbiskerne schaun auch anders aus", fügt Camila hinzu. Sebastian ist sich ganz sicher: „Das ist Weizen." David fragt nach: „Und was machen wir jetzt mit den Körnern?" „Wir müssen sie ansäen und gießen, damit sie wachsen. Da kann man dann Mehl draus machen",

erwidert Sebastian. Die Pädagogin bringt sich in die Diskussion ein: „Was ist nötig, damit die Weizenkörner wachsen können?" Ein angeregtes Gespräch entsteht und endet mit dem Festlegen des erforderlichen Werkzeugs.

Beim Graben werden Vergleiche angestellt: „Schaufeln ist gleich wie Baggern", meint Sebastian. David entwirft eine neue Wortkreation: „Ich bohre mit meiner Schaufel, ich hab einen Schaufelbohrer". Camila begleitet ihr Tun musikalisch und singt: „Ich grabe, ich grabe, ich grabe den ganzen Tag" (Melodie: Wer will fleißige Handwerker sehn, der muss zu den Kindern gehen!)

Tobias benennt gemeinsam mit der Pädagogin den Zustand der Erde. „Wie fühlt sie sich denn an?", will die Pädagogin wissen. „Feucht, kalt und fest", antwortet er „und da sind so Teile drin. Was ist das?" Auch die anderen sind neugierig und rätseln, woraus sich Erde zusammensetzt. Beim Betasten stellen sie fest, dass sich Erde sehr unterschiedlich darstellt. „Grob, fein, körnig, tiefer unten ist sie feucht, obenauf eher trocken, kleine Karotten sind auch noch enthalten, Wurzeln kann ich sehen, dann wieder ganz schwarz …"

Der erste Regenwurm wird gefunden. Zahlreiche Fragen tun sich auf und werden formuliert: „Was fressen Regenwürmer?" „Wie alt werden sie?" „Schlafen sie auch im Winter?" „Wie kriegen die Babys?" Nicht alle Fragen können sofort beantwortet werden, die Pädagogin notiert die offen gebliebenen, um zu einem späteren Zeitpunkt gemeinsam zu recherchieren. Hierfür wird im Internet gesucht und in Sachbüchern nachgeschlagen. In der nahe gelegenen Bücherei finden sich Lexika und Bilderbücher, welche in den Kindergarten mitgenommen werden.

Während des Grabens besprechen die Kinder immer wieder ihre Arbeitsweisen und erteilen einander Aufträge, um noch effizienter an ihr gemeinsames Ziel „Regenwürmer finden" zu kommen. Sie dokumentieren vor Ort ihre Beobachtungen (Anzahl der Funde, Länge der Würmer, Form der Gänge) auf Papier und erklären diese Aufzeichnungen interessierten ZuschauerInnen.

Camila, deren Erstsprache Portugiesisch ist, nennt den Wurm „Minhoca". Die Kinder finden Gefallen an diesem Wort und sprechen es nach.

Tage später reflektiert die Pädagogin mit David die Aktivität im Garten. Sie betrachten dabei gemeinsam eines der Sachbücher über die Regenwürmer. David berichtet, dass seine Tante auch ein Buch geschrieben hat, und zwar über Katzen Er beschließt, auch ein Buch herzustellen: über Regenwürmer. Der Titel ist rasch gefunden: „Regenwürmer schlüpfen aus Kokons". Die Pädagogin begleitet sein Vorhaben und

stellt unterschiedliche Papierformate zur Verfügung. Er entscheidet sich für das quadratische. In ko-konstruktiver Arbeitsweise wird das Buch nun erarbeitet: David illustriert Seite für Seite, die Pädagogin notiert Davids Text jeweils auf der Rückseite. So entsteht ein umfangreiches Sachbilderbuch, das Informationen über den Regenwurm und über persönliche Erkenntnisse auf seinem Forscherweg inhaltlich vereint.

David ist intensiv damit beschäftigt, über seine Lernprozesse nachzudenken, denn er möchte auch diese in seinem Buch festhalten. Die Pädagogin begleitet ihn in diesem Prozess – der Erweiterung seiner lernmethodischen Kompetenzen.

David ist sehr stolz, als sein Buch nach zwei Tagen intensiver Arbeit rechtzeitig zur Buchpräsentation seiner Tante fertiggestellt ist. ■

Bewegung und Gesundheit

- Psychomotorische Erfahrungen (Verknüpfung von Körper-, Material-, und Sozialerfahrungen)
- Körpergefühl und Raumorientierung stärken
- Motorische und koordinative Fähigkeiten und Fertigkeiten erproben und verfeinern (Grob-, Feinmotorik, Kraft, Raumorientierung, Gleichgewicht beim Graben im Hochbeet)
- Spezifische Bewegungsangebote: Bewegungsspiele und Tänze
- Gesundheitsbewusstsein: richtige Auswahl der Kleidung und Schuhe im Garten bei trübem Wetter und Nieselregen; mögliche Gefahrenquellen erkennen und einschätzen (im Umgang mit Werkzeugen ...)

Ein Blick durch das Fester dient den Kindern als Entscheidungshilfe für die Auswahl der geeigneten Gartenbekleidung: Der Himmel ist bedeckt und es nieselt. Nach kurzer Beratschlagung werden Matschkleidung und Gummistiefel gewählt. Die Kinder unterstützen einander verbal und aktiv handelnd beim Anziehen.

Das Graben und Hantieren mit der Schaufel fordert die Kinder. Sie variieren ihre Bewegungsabläufe und müssen dabei darauf Acht geben, andere Aktive nicht zu beeinträchtigen. David erfindet einen „Schaufelbohrer": Er dreht die Schaufel im Erdreich. Diese Bewegung erfordert Geschick und zusehende Kinder versuchen es ihm nachzumachen. Sie drehen und bohren, sie schaufeln und hebeln, sie graben. Nach einer Experimentierphase entscheidet sich jeder für die passende Technik. Um Werkzeuge auszutauschen, müssen die Kinder vom Hochbeet auf die Wiese ab- und anschließend wieder hinaufsteigen, was sie als sehr anstrengend empfinden und zum Ausdruck bringen.

Lea und Caitlin balancieren geschickt auf der Umrahmung des Beetes.

Sebastian sticht mit der Schaufel in die Erde und stellt sich dann oben auf die Schaufelkante. Er übt sich im Gleichgewichthalten: Er kippt nach vorne und zieht dann wieder zurück, bis er nach hinten fällt. Er variiert seine Körperhaltung und erkennt, dass die Verlagerung seines Gewichts Einfluss auf die Balance hat. Sebastian hat sichtlich Spaß am Experimentieren.

Für Tobias ist das Spüren der Erde vordergründig. Er spricht wenig, feinmotorische und sinnliche Erfahrungen fesseln ihn. Er reibt Erde zwischen Daumen und Zeigefinger, riecht an ihr, untersucht sie mit einer Lupe in seiner Hand. Klumpige Erde wird zerrieben, nasse Erde zu Kugeln geformt. Diese Erkenntnis teilt er sogleich dem nebenstehenden Kind mit. Da entdeckt er auch noch einen Engerling und gibt ihn in eine Becherlupe.

Zu einem späteren Zeitpunkt setzen die Kinder ihre Erlebnisse in einem selbst erfundenen Bewegungsspiel um. „Der Regenwurmjäger" ist ein Fangspiel, bei dem ein Fänger die Regenwürmer jagt und die gefangenen sich dann an einen bestimmten Platz schlängeln müssen.

Die Pädagogin bietet tags darauf eine Massagegeschichte an, welche von den Kindern weiterentwickelt und durch eigene Erfahrungen ergänzt wird. Tobias stellt die unterschiedliche Beschaffenheit der Erde auf dem Rücken seines Partners dar.

Ästhetik und Gestaltung

- Lieder und Verse kennenlernen bzw. vertonen: szenisch, instrumental und vokal gestalten
- Unterschiedliche Gestaltungs- und Ausdrucksmöglichkeiten wählen (grafische oder plastische Darstellung der Würmer und Gänge)
- Verschiedene Materialen und Techniken als Ausdrucksmöglichkeit erfahren
- in eigenen Gestaltungen Ziffern verwenden (Dokumentation der Messungen)

Die Pädagogin erarbeitet mit den Kindern das Lied „Hört ihr die Regenwürmer husten ...?" Es wird gesungen und unter Einsatz von Körperinstrumenten begleitet. Die Idee, das Lied mit dem Orff-Instrumentarium zu vertonen und szenisch darzustellen entsteht. Rasch werden passende Instrumente ausgewählt, um das „Ziehen, Winden und Verschwinden" musikalisch auszudrücken. Die Gänge werden mit Tüchern, Papierrollen und Konstruktionsmaterial gelegt. Jedes Kind hat die Möglichkeit, sich nach eigenem Ermessen zu beteiligen.

Im Kindergarten steht vielfältiges Material zum kreativen Schaffen zur Verfügung: Auf verschiedenfarbigen, unterschiedlichen Papierformaten und -qualitäten werden die unterirdischen Gänge der Regenwürmer skizziert und teilweise ausgemalt. Für die grafische Darstellung wählen die Kinder Kugelschreiber und Bleistifte.

Sie skizzieren Regenwürmer in Gängen und zeichnen das Umfeld wie z. B. die sie umgebende Erde, Wurzeln, Pflanzen, die Sonne. Die Präzision der grafischen Darstellung – Haare, Muskelringe, Fressöffnung – ist erstaunlich. Die Kinder notieren zudem auf ihren Zeichnungen die Messergebnisse, die im Zuge der Wurmmessungen im Hochbeet entstanden sind und vergleichen diese Längenangaben mit den Würmern im Terrarium.

Henry war zwar nicht an der Aussaat beteiligt, interessiert sich nun aber auch für die Regenwürmer. Er modelliert sie aus Knete dar und stellt fest, dass seine Würmer nun eine Behausung bräuchten. Diese Behausungen entstehen an der Werkbank. Als Material verwendet er Holz, denn „das ist auch was, das bei den Würmern in der Erde wächst ...", begründet Henry die Materialauswahl.

Alexander, Lara-Marie-Marie und Rebecca fädeln große Holzperlen auf eine Schnur. „Das ist meine bunte Wurmkette", betitelt Alexander sein Werk. Die beiden Mädchen tun es ihm gleich und entwickeln seine Idee weiter. Sie zerschneiden Strohhalme und reihen diese aneinander. Dieses Reihen inspiriert wiederum zum Konstruieren von „Riesenregenwürmern" und anderen Kriechtieren mit Konstruktionsmaterialien.

David, der sich sehr intensiv mit den Regenwürmern beschäftigt hat, beendet sein „Projekt" mit einem selbst gestalteten und verfassten Bilderbuch. „Regenwürmer schlüpfen aus Kokons" ist der Titel des vorwiegend grafisch dargestellten Sachinhaltes. Zusätzlich verwendet er Fotoausdrucke der Bilder, die während des Grabens im Hochbeet entstanden sind.

David hat quadratisches Papier sowie einen Kugelschreiber zur grafischen Darstellung gewählt und bittet die Pädagogin, einen Text niederzuschreiben. Nach abschließenden Arbeiten des Schraffierens der Gänge, dem Ausmalen des Erdbereichs mit Farbstiften und dem Zusammenheften der einzelnen Seiten zu einem Buch präsentiert er sein Werk stolz im Gesprächskreis und erhält anerkennendes Interesse. Einige Kinder greifen diese Idee auf und möchten auch ihr eigenes Buch entwerfen.

Der Wunsch, eine Regenwurmbehausung zu fertigen, erwacht. Geschickt hantieren Henry und Alexander an der Werkbank mit Holz, Sägen, Stemmeisen, Hämmern, Zangen ..., um sich ein passendes Heim zu schaffen. Der handwerkliche Anspruch, die Genauigkeit in der Ausführung und der sorgsame Umgang lassen Übung in der Handhabung der Werkzeuge erkennen. Gegenseitige Unterstützung, wenn etwas nicht gelingen will, ist selbstverständlich: Man gibt einander Tipps, erklärt Arbeitsabläufe und teilt eigene einschlägige Erfahrungen und Kniffe.

Natur und Technik

- Einsicht in ökologische Zusammenhänge sowie jahreszeitliche Kreisläufe in der Natur gewinnen
- Forschende Haltung einnehmen – Hypothesen aufstellen und überprüfen
- Lustvolle Auseinandersetzung mit Mathematik und Physik: Messgeräte verwenden, Messergebnisse dokumentieren und vergleichen, Größen – Reihenfolgen erstellen und in Diagrammen festhalten
- Naturwissenschaftliche Gesetzmäßigkeiten durch praktisches Anwenden und systematisches Erkunden (Hebelwirkung beim Schaufeln, Gleichgewicht erkennen und beeinflussen) erfahren
- Sachgerechter Umgang mit Werkzeug (Lupen, Schaufeln, Bohrer …)

David, Camila, Tobias und Sebastian möchten bei der Aussaat von Winterweizen mitwirken. Der Bildungsbereich Natur und Technik wird hier unter anderem durch das Beobachten biologischer Prozesse des Keimens von Samen, des Wachsens und Reifens angesprochen. Gemeinsam mit der Pädagogin betrachten die Kinder das Saatgut und überlegen, welche Getreidearten ihnen bereits bekannt sind. Sebastian erkennt, dass es sich beim Saatgut um Weizen handelt und dass Pflanzen „Sonne, Wasser und Erde benötigen, damit sie wachsen können".

Beim Lockern der Erde verwenden die Kinder unterschiedliche Hilfsmittel. Aushuberde wird dabei auf andere Plätze verlagert. Bei diesem Vorgang stellen die Kinder fest, dass es die Arbeit erleichtert, nicht nur mit der vorderen Hand am Schaufelstil anzuheben, sondern auch mit der zweiten, hinteren Hand zu drücken. Auf diese Weise erfahren die Kinder im Tun die physikalische Gesetzmäßigkeit der Hebelwirkung.

Sebastian sticht seine Schaufel in die Erde und steigt mit beiden Beinen auf die Kante. Er sucht die Balance. Er übt sich darin, die Balance zu finden bzw. bewusst aus dem Gleichgewicht zu kommen. Er verlagert sein Körpergewicht wiederholt und findet Gefallen daran, zu kippen. „Schau mal, was ich mache! Wenn ich so mach, dann fall ich um."

David steigt mit einem Bein in sein Loch. Er misst die Tiefe. „Meines ist so lang, bis zum Knie." Die anderen folgen seinem Beispiel. Tobias' Aushub misst bis zum Ende seines Gummistiefels. „Wie tief ist dein Loch?", will David wissen. „Bis zum Stiefel", antwortet Tobias.

„Meines ist tiefer, bis zum Knie", bringt David ein. Die Pädagogin schlägt vor, Messwerkzeuge zu benutzen und stellt einen Meterstab und verschiedene Längen des Montessori-Messstabes bereit. „Ich hab zwei rot und zwei blau und noch ein Stückchen", erkennt David. Die Pädagogin unterstützt David, das Ergebnis am Meterstab abzulesen. Sie erklärt, dass ein färbiger Teil 10 cm misst. David misst nach und vergleicht wiederum. „1, 2, 3, 4 …10, wirklich 10", liest er erstaunt ab. Sein Loch misst eine Tiefe von 44 cm.

„Meiner ist der längste", stellt David fest. Mit dem Meterstab wird die Länge des Regenwurms ermittelt. Wiederholt werden nun Würmer ausgegraben und vermessen. David und Sebastian dokumentieren alle Ergebnisse auf Papier. Anhand von Regenwurmskizzen halten die beiden die Länge der Würmer fest.

Für Tobias ist das Messen nicht so interessant. Er ist fasziniert von Erde. „Was ist da alles drin?", fragt er. Wir begutachten eine Handvoll Erde. Lupen werden zur Hilfe genommen und es wird festgestellt, dass auch kleine Wurzeln, Aststücke, Körner und Pflanzenreste in der dunkelbraunen Masse beinhaltet sind.

David entdeckt einen Regenwurm. Er ist neugierig: „Warum sind die Würmer jetzt so tief in der Erde?" „Was fressen die denn?" „Warum sind sie bei uns im Hochbeet?" „Wenn man sie auseinandersticht, können sie trotzdem weiterleben, das weiß ich genau."

Die Regenwürmer werden zur Beobachtung in ein „Regenwurmterrarium" gegeben. Im Foyer des Kindergartens können sowohl die Würmer als auch die Keimung des Weizens beobachtet werden, denn einige Weizenkörner wurden in das Terrarium gesät. Somit ist ein Vergleich des Wachstums des Winterweizens im Freien und im geheizten Gebäude möglich. Zudem sind Sachbücher und Bilder für die Kinder verfügbar. Hauptaugenmerk der Kinder sind die Regenwürmer. Dennoch werden sämtliche Sachinhalte der anfänglich geplanten Aktivität (Wachstum von Winterweizen und Pflege der Aussaat) von den Kindern aufgenommen und miterlebt.

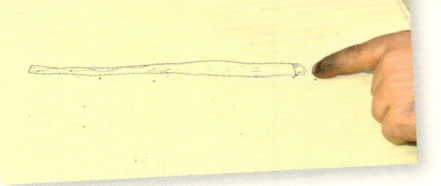
Ein Bilderbuch entsteht

Davids Regenwurmbuch

Kinderzeichnungen sind ein Mittel zur Auseinandersetzung mit der Umwelt auf bildnerische Weise. David ist von den Erfahrungen am Hochbeet mit den Regenwürmern sehr ergriffen. Diese Emotionen spiegeln sich in seiner Idee, ein Bilderbuch über Regenwürmer gestalten zu wollen.

Beim gemeinsamen Betrachten der Sachbücher über Regenwürmer erzählt David, dass seine Tante

ein Buch über Katzen verfasst hat. Bald schon soll eine Buchpräsentation stattfinden. David überlegt kurz und meint, auch er könnte ein eigenes Buch über Regenwürmer bei dieser Präsentation vorstellen. Er setzt seine Idee gleich in die Tat um:

David organisiert sich die Fotoausdrucke der Grabungsarbeiten von der Pädagogin und wählt

jene aus, auf welchen er selbst und die Regenwürmer zu sehen sind. Der Titel des Buchs steht für David rasch fest: „Regenwürmer schlüpfen aus Kokons" soll er lauten. Auf Nachfrage der Pädagogin berichtet er von seinem Vorhaben. Gemeinsam begeben sie sich auf die Suche nach den erforderlichen Materialien. Aus verschiedenen Papierformaten, die zur Auswahl stehen, wählt er quadratischen Karton. Für die Ausgestaltung entscheidet er sich für Kugelschreiber und Farbstifte und beginnt eifrig zu arbeiten. Im ersten Schritt schneidet er die Ausdrucke zurecht und ordnet und klebt sie in eine Reihenfolge. Während er nun die aufgeklebten Fotoausdrucke mit Zeichnungen ergänzt, soll die Pädagogin den von ihm diktierten Text notieren.

Er formuliert seine Gedanken laut, die Pädagogin bringt sie für ihn zu Papier. Immer wieder liest sie ihm das bisher Geschriebene vor und fordert David durch Fragen heraus, seine Texte zu präzisieren und zu ergänzen. Text und Bilder sollen einander ergänzen und vertiefen, sowohl Sachinformationen als auch Davids persönliche Erkenntnisse vereinen. Die gesamte Aktivität regt ihn an, über seine Lernprozesse nachzudenken.

Über zwei Tage dauert die Arbeit an seinem Buch an. Im Produktionsprozess ist David äußerst konzentriert und in sein „Werk versunken", seine volle Aufmerksamkeit ist im ästhetischen Tun gebunden. Der „letzte Schliff" besteht im Folieren und Zusammenheften der einzelnen Seiten.

Als das Werk rechtzeitig vor der Buchpräsentation vollbracht ist, präsentiert er es voll Stolz interessierten Kindern. Jene Kompetenzgefühle, die beim Erschaffen seines Buches entstanden sind, steigern sein Selbstwertgefühl.

Die Möglichkeit, in Ko-Konstruktion mit der Pädagogin ein Buch als Collage zu gestalten, eröffnet eine intensive Auseinandersetzung mit den Umweltbeobachtungen unter gleichzeitiger Verarbeitung der Eindrücke. Der Schaffensprozess unterstützt David in seiner Persönlichkeitsentwicklung.

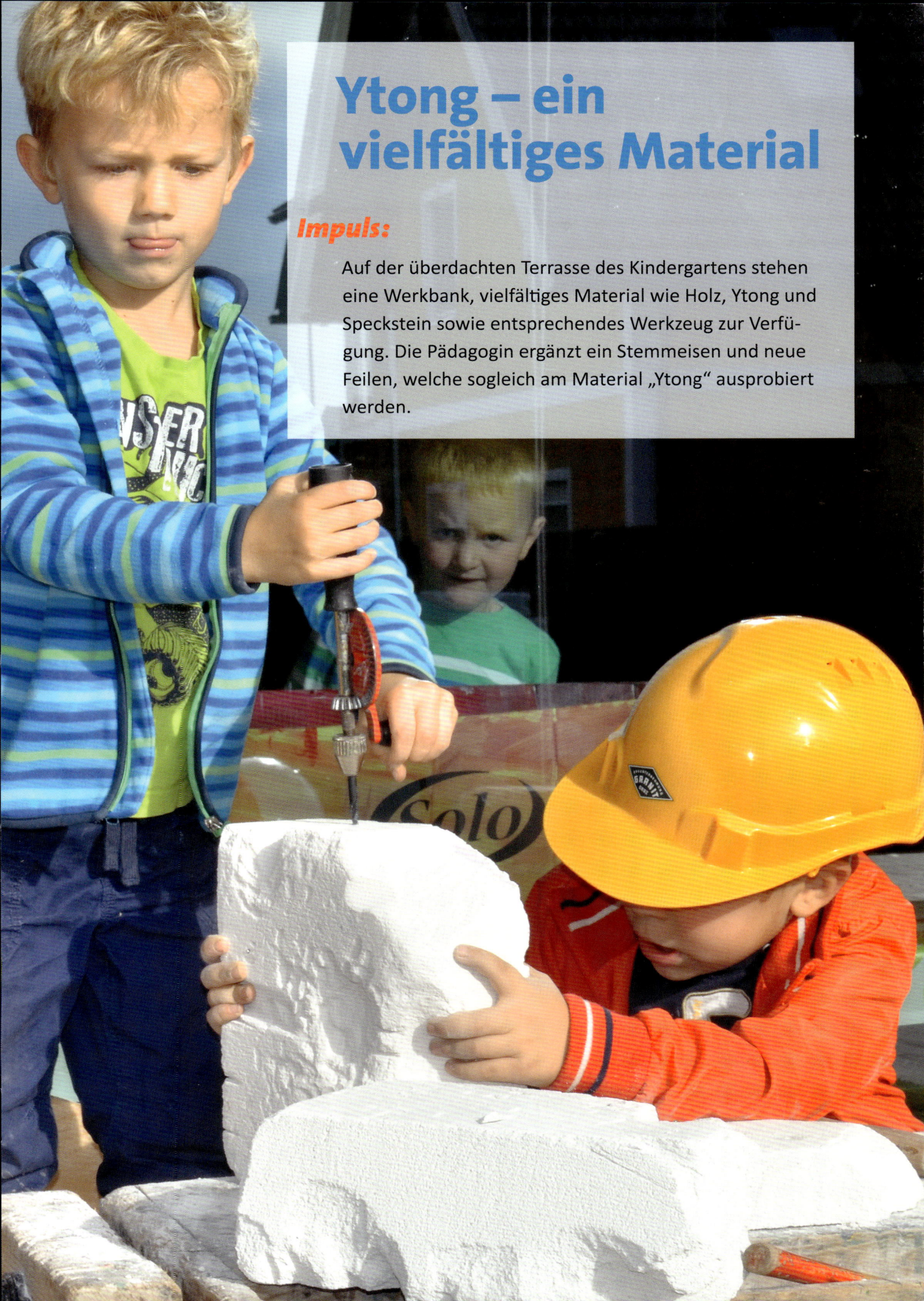

Ytong – ein vielfältiges Material

Impuls:

Auf der überdachten Terrasse des Kindergartens stehen eine Werkbank, vielfältiges Material wie Holz, Ytong und Speckstein sowie entsprechendes Werkzeug zur Verfügung. Die Pädagogin ergänzt ein Stemmeisen und neue Feilen, welche sogleich am Material „Ytong" ausprobiert werden.

Ytong – ein vielfältiges Material

Natur und Technik

- Sachgerechte Handhabung von Werkzeugen (Feile, Stemmeisen, Hammer, Säge ...)
- Planen und Dokumentieren von Vorgehens-weisen und Arbeitsschritten (Herstellen einer Aufbewahrungskiste für Ytong)
- Eigenschaften und Konsistenz verschiedener Stoffe kennenlernen (Ytong) und mit Experimenten vertiefen (Wasser, Klebstoff, Seife)
- Praktische Anwendung naturwissenschaftlicher Gesetzmäßigkeiten (schiefe Ebene, Waage, Hebel) erfahren
- Bewusstes Wahrnehmen chemischer Reaktionen (Rost)

Ethik und Gesellschaft

- Anerkennung und Wertschätzung erfahren: Werke präsentieren und verschenken
- Kooperieren und arbeitsteilig an einer gemeinsamen Sache arbeiten
- Im Austausch unterschiedlicher Erfahrungen, Meinungen und Vorstellungen zu verschiedenen Lösungswegen kommen
- Erwartungen, Bedürfnisse und Gefühle anderer wahrnehmen; achtsam miteinander umgehen
- Anerkennen, dass im Kindergarten andere Rituale bestehen als in der Familie (Adventsfeier)
- Errungenschaften der Menschen wertschätzen (Werkzeuge zur Arbeitserleichterung)

Sprache und Kommunikation

- Begriffsbildung und Wortschatzerweiterung (Materialkunde, Werkzeuge …)
- Literacy: Erfahrungen mit Schriftkultur und Verfeinern der Fertigkeiten durch Verfassen von Einkaufslisten und Beschriftung der Werke
- Zeichen, Symbole und Piktogramme erkennen (Ordnungssysteme bei Werkzeugen)
- Verschiedene Kommunikationsanlässe: Pläne mitteilen, Probleme erörtern, Lösungen besprechen, eigene Überlegungen und Gedanken ausdrücken

Bewegung und Gesundheit

- Motorische und koordinative Fertigkeiten erproben und verfeinern (Grob- und Feinmotorik)
- Körperliche Geschicklichkeit und kreative Bewegungsmöglichkeiten erproben (mit selbst geschaffenem „Surfbrett" und „Trainingsgerät")
- Förderung sensorischer Fähigkeiten (Tasten, Gleichgewicht, Bewegungsempfinden) durch die Auseinandersetzung mit vielfältigen Sinnes- und Umwelteindrücken
- Wissen um den sachgerechten Umgang mit Objekten zur Prävention von Verletzungen (Schutzbrillen, Handschuhe …)
- Entdecken von physikalischen Gesetzmäßigkeiten in der Auseinandersetzung mit der räumlichen und materiellen Umwelt
- Entwickeln von Problemlösestrategien durch den Umgang mit Bewegungsalternativen

Emotionen und soziale Beziehungen

- Austausch betreffend unterschiedliche Erwartungen
- Konflikte aushandeln und Kompromisse schließen
- Individuelle Fähigkeiten wertschätzen und Aufgaben dementsprechend verteilen
- Andere unterstützen: Hilfestellung leisten, Erkenntnisse teilen
- Folgen des eigenen Handelns abschätzen und umsichtig agieren (im Umgang mit Werkzeugen/ Ytongstaub; Rücksicht auf andere nehmen)

Ästhetik/Gestaltung

- Ein breites Repertoire an Materialen und Bearbeitungsverfahren kennenlernen
- Techniken erproben und im gezielten Einsatz von Werkzeugen unterschiedliche Effekte erzielen
- Werkzeugerfahrungen übertragen und Zutrauen im Umgang mit verschiedensten Materialien entwickeln
- Geräusche differenziert wahrnehmen: Feilen verursachen unterschiedlichen „Klang", Hammer erzeugt je nach Krafteinsatz unterschiedliche Lautstärke
- Mischexperimente mit Primärfarben und den Verwandlungsprozess in Sekundärfarben entdecken

Emotionen und soziale Beziehungen

- Austausch betreffend unterschiedliche Erwartungen
- Konflikte aushandeln und Kompromisse schließen
- Individuelle Fähigkeiten wertschätzen und Aufgaben dementsprechend verteilen
- Andere unterstützen: Hilfestellung leisten, Erkenntnisse teilen
- Folgen des eigenen Handelns abschätzen und umsichtig agieren (im Umgang mit Werkzeugen/ Ytongstaub; Rücksicht auf andere nehmen)

Die gemeinsame Arbeit auf der Terrasse erfordert Selbst- und Sozialkompetenzen: Die Kinder strukturieren gemeinsam mit der Pädagogin ihre Tätigkeiten mit dem Blick auf gemeinsame Ziele. Sie besprechen, wer besondere Fähigkeiten einbringen kann und teilen mit, wo sie mitwirken möchten und erarbeiten so gemeinsam einen Arbeitsplan. Verantwortlichkeiten werden jeweils von Teams übernommen: eines für die Herstellung einer Aufbewahrungskiste für Ytong, eines für die Kontrolle des Werkzeugs, eines für den Materialtransport.

Die Herstellung der Ytong-Kiste verlangt eine weitere Arbeitsteilung: Messen, Schrauben, Sägen, Helfertätigkeiten müssen übernommen werden.

Alle sind eifrig bei der Arbeit und wechseln sich ab. Die Pädagogin beobachtet die Tätigkeiten der Kinder und unterstützt sie, indem sie Helfertätigkeiten übernimmt. Sie hält die Bretter, während ein Kind schraubt, oder zeichnet mit dem Stift an, während ein Kind mit dem Maßband misst. Die Arbeit an der Kiste erweckt die Neugierde anderer Kinder, die nicht an der Aktivität beteiligt sind. Marc erzählt ihnen von der Herausforderung und Kraftanstrengung im Umgang mit dem Arbeitsgerät: „Da musst du dich fest dagegenstemmen, sonst geht das nicht und die Schraube wird vernudelt! Gut, dass wir uns abwechseln können, weil einer allein schafft das nicht!"

Die Verantwortlichen für das Werkzeug testen, welches Werkzeug funktioniert, welches reparaturbedürftig ist, und überlegen, was zusätzlich gebraucht wird. Das Werkzeug wird hierfür sortiert und eine Einkaufsliste erstellt. „Es ist ganz wichtig, dass das Werkzeug immer in der Lade ist, wo es hingehört, weil sonst finden es die anderen nicht." Nico und Loreen beobachten immer wieder diverse Arbeitsvorgänge und erkennen, dass jeder Fähigkeiten hat, die für die Gruppe wichtig sind. „Du kannst gut schreiben", sagt Nico. „Dafür kannst du gut ordnen und Muster machen", ergänzt Loreen.

Nach Abschluss der Arbeit rund um die Werkbank ist den Kindern das Einhalten der entstandenen Ordnung wichtig und wird im Morgenkreis thematisiert. Das Werkzeug-Team kontrolliert täglich die Sortierung der Werkzeuge und erinnert, dass Ordnung für Handwerker wichtig ist.

Ethik und Gesellschaft

- Anerkennung und Wertschätzung erfahren: Werke präsentieren und verschenken
- Kooperieren und arbeitsteilig an einer gemeinsamen Sache arbeiten
- Im Austausch unterschiedlicher Erfahrungen, Meinungen und Vorstellungen zu verschiedenen Lösungswegen kommen
- Erwartungen, Bedürfnisse und Gefühle anderer wahrnehmen; achtsam miteinander umgehen
- Anerkennen, dass im Kindergarten andere Rituale bestehen als in der Familie (Adventsfeier)
- Errungenschaften der Menschen wertschätzen (Werkzeuge zur Arbeitserleichterung)

Im Umgang mit den verschiedenen Werkzeugen werden die Kinder immer sicherer, versierter und unterstützen einander bei Arbeitsabläufen. Auch beim Umsetzen von Vorhaben entstehen Diskussionen unter den Kindern:

Nachdem Felix, Henry, Maxi und David erkennen, dass Wassertunnel im Ytong durch Schleifen und Bohren entstehen, entwickeln sie im Austausch Lösungsstrategien, um das Wasser abfließen zu lassen. Die vier Buben tauschen ihre Ideen aus und teilen bereits gemachte Erfahrungen mit. Schließlich werden Aufgaben zugeteilt: Henry und David schleifen die Gräben, Felix bringt das Wasser und Maxi schüttet es vorsichtig hinein.

Die Pädagogin beobachtet die Kinder und dokumentiert ihr Schaffen schriftlich sowie anhand von Fotos. Die Beobachtungen werden in der sogenannten „Bildungsmappe" festgehalten. Die Inhalte der Bildungsmappe werden in Ko-Konstruktion zwischen Pädagogin und Kind ausgewählt und erstellt. Über Erfahrungen und Lernwege des Kindes wird ein Gespräch geführt. Bei diesen Reflexionsgesprächen wird deutlich, wie intensiv sich die Kinder mit einem nicht alltäglichen Werkstoff auseinandergesetzt haben. „Und da haben wir mit dem Bohrer ein Loch reingemacht und dann das Wasser reingeschüttet ... und das ist unten wieder rausgekommen, weil es ja tiefer ist und Wasser runterrinnt.", berichtet Felix begeistert im Mittagskreis. Einige der zuhörenden Kinder sind nun offensichtlich motiviert, sich auch mit dem Material auseinanderzusetzen.

Das Schrauben mit dem Akkuschrauber ist für die teilnehmenden Kinder besonders fesselnd. Sie sind sehr überrascht, wie viel Kraft es benötigt, eine Schraube mit dem Gerät hineinzudrehen. Nachdem sie die erste Schraube erfolgreich ins Holz gedreht haben, sind sie sichtlich stolz auf ihre Leistung. „Ja, meine erste ist drin!", ruft Marc. Hans-Jörg gratuliert ihm: „Du hast das gleich gemacht wie mein Papa!"

Einige Kinder arbeiten über mehrere Tage intensiv an ihren Adventkränzen und Adventkerzenständern aus Ytong. „Den Adventskranz nehme ich mit nach Hause, da können wir die Kerzen dann anzünden, wenn die Oma kommt und das Christkind. Aber ich brauch acht Kerzen, weil die Oma bleibt immer lange und dann brauch ich für jede Kerze eine Reservekerze!", stellt ein Kind fest. Er bohrt daher acht Löcher in seinen „Ytongkranz" und fixiert die Kerzen. Von den Fortschritten an der Arbeit wird den Eltern und auch dem Kindergartenbusfahrer täglich voll Stolz berichtet.

Im Mittagskreis zeigen die Kinder ihre Werke, erklären die Arbeitsschritte und ernten dafür Bewunderung und Lob. Sie werden als kompetente Ansprechpersonen anerkannt, die ihre Erkenntnisse gerne teilen. Sogar Kinder, die von sich aus selten mit Werkzeugen und staubenden Materialien hantieren, werden motiviert und vertiefen sich in das Arbeiten mit Ytong.

Sprache und Kommunikation

- Begriffsbildung und Wortschatzerweiterung (Materialkunde, Werkzeuge ...)
- Literacy: Erfahrungen mit Schriftkultur und Verfeinern der Fertigkeiten durch Verfassen von Einkaufslisten und Beschriftung der Werke
- Zeichen, Symbole und Piktogramme erkennen (Ordnungssysteme bei Werkzeugen)
- Verschiedene Kommunikationsanlässe: Pläne mitteilen, Probleme erörtern, Lösungen besprechen, eigene Überlegungen und Gedanken ausdrücken

Im Zuge der Aufräumarbeiten auf der Terrasse werden von den Kindern Kategorien zum Sortieren des Materials gefunden: „Alle Bretter, Leisten, Klötze – lange und kurze, Holzstücke, Holzdreiecke, Holzrechtecke, Holzquadrate ..." werden benannt und geschlichtet. „Und dem Ytong geben wir einen eigenen Platz.", fügt Henry hinzu. Die Arbeitsauf- und -einteilung erfolgt innerhalb der Kindergruppe, auf Wünsche einzelner Kinder wird dabei Rücksicht genommen. Henry und Maxi schlichten die Materialien nach den Kategorien, Anja und Lara-Marie stellen die Bilder für die einzelnen Kategorien her und Nico und Marc sortieren den Ytong. So bilden sich drei Arbeitsgruppen, die parallel tätig sind und sich über das Fortkommen der anderen immer wieder austauschen.

Die Verwahrung des Werkzeugs ist dabei für die Kinder wesentlich. „Das Werkzeug muss sortiert werden, sonst kennen wir uns nicht aus", stellt Nico eindringlich fest.

„Auf unser neues Werkzeug müssen wir besonders gut aufpassen, denn das war teuer und ist echtes Werkzeug", fährt er fort. „Wir haben jetzt nämlich neue Hämmer, Sägen, Bohrer, Nägel, Schrauben, Feilen, Stemmeisen ..."

In den folgenden Tagen finden zahlreiche Gespräche im Bereich der Werkbank zwischen Pädagogin und Kindern statt. Jedes Werkzeug wird dabei richtig benannt und die möglichen Funktionen erläutert.

Es entsteht auch Ratespiel: „Welches Werkzeug fehlt?" und „Ich kenne ein Werkzeug, das kennst du auch!" Ein Kind erinnert sich an ein „Handwerkerlied", das im Vorjahr gesungen wurde.

Die Ytonggruppe ist besonders stolz auf ihre selbst gefertigte Kiste. Die Mitwirkenden teilen ihr Wissen mit Kindern und Eltern. Die Vorgänge des Sägens, Schraubens und Messens mit der Wasserwaage sowie Maßstäben und auch Materialeigenschaften des Ytongs werden detailliert berichtet. „... und wenn der nass wird, bröselt er." „... wenn man den bearbeiten will, muss man die Schutzbrille aufsetzen, denn der Staub ist nicht gut für die Augen ..." „der lässt sich einfach schleifen und feilen, ist aber hart zum Hämmern und Stemmen ..."

Die Werke werden skizziert, beschriftet, gewidmet, mit Symbolen und Zeichen (für oben, unten, drehen, noch in Arbeit, bitte nicht berühren, muss noch trocknen ...) versehen. Auf Wunsch der Kinder gestalten Pädagogin und Kinder gemeinsam eine Ausstellung. Einladungen und Eintrittskarten werden von den Kindern gestaltet, die mit selbst gemachten „Kindergarten-Euros" erworben werden können.

Bewegung und Gesundheit

- Motorische und koordinative Fertigkeiten erproben und verfeinern (Grob- und Feinmotorik)
- Körperliche Geschicklichkeit und kreative Bewegungsmöglichkeiten erproben (mit selbst geschaffenem „Surfbrett" und „Trainingsgerät")
- Förderung sensorischer Fähigkeiten (Tasten, Gleichgewicht, Bewegungsempfinden) durch die Auseinandersetzung mit vielfältigen Sinnes- und Umwelteindrücken
- Wissen um den sachgerechten Umgang mit Objekten zur Prävention von Verletzungen (Schutzbrillen, Handschuhe …)
- Entdecken von physikalischen Gesetzmäßigkeiten in der Auseinandersetzung mit der räumlichen und materiellen Umwelt
- Entwickeln von Problemlösestrategien durch den Umgang mit Bewegungsalternativen

Die Aufräumarbeiten stellen die Kinder vor körperliche Herausforderungen: Das Heben und Tragen der Bretter und Steine, das Schlichten und Sortieren, das Schieben und Drücken der Materialien erfordern körperliche Geschicklichkeit, Kraft und Ausdauer.

Die Aufgabe der Pädagogin ist es, auf Gefahrenquellen hinzuweisen und Kinder für ihre individuellen Kraftgrenzen zu sensibilisieren. Einige Buben messen ihre Kräfte, tasten gegenseitig ihre Armmuskeln. Es entwickelt sich dabei ein Gespräch über Muskeltraining der Väter im Fitnessstudio. Die Idee, Trainingsgeräte aus Ytong herzustellen, ist geboren und wird sogleich umgesetzt.

Im Experimentieren mit Holz und Ytong nutzen Kinder das Material zum Balancieren: Ein Brett, das auf zwei Steinen liegt, wird überquert, eine Wippe aus einem Stein und einem Bett entsteht und lädt zum Gleichgewichthalten ein.

Auf Sicherheit auf der „Baustelle" achten Pädagogin und Kinder gleichermaßen: Bauhelme, Schutzbrillen, festes Schuhwerk sind notwendig. Werkzeuge werden fachgerecht genutzt, beschädigtes Werkzeug wird sofort aussortiert. „Das ist gefährlich, denn der Hammer ist locker am Stiel", warnt Nico und legt ihn beiseite, damit andere Kinder sich nicht damit verletzen. Auch die Einteilung der Arbeitsbereiche muss ausreichenden Sicherheitsabstand gewährleisten. „Ich will ja nicht dem Nico mit dem Hammer auf die Hand hauen", sorgt sich Loreen, als sie mit der Arbeit am Ytong beginnt und Platz und Abstand einfordert.

Luca, Hans-Jörg und Marc unterstützen die Pädagogin beim Fertigen der Ytongkiste. Sie wollen mit dem Akkuschrauber arbeiten. Die Schrauben werden angesetzt und Marc ist mit dem Schrauben dran. Er hält den gesamten Körper in Spannung, damit die Schraube sich in das Holz dreht. Es strengt ihn sichtlich an, denn nach einem Brett gibt er den Akkuschrauber an Hans-Jörg weiter, der ebenfalls alle Kräfte aufwenden muss. Die Buben erkennen, dass abwechselndes Schrauben die erforderlichen Ruhephasen und ein effizientes Arbeiten ermöglicht.

Auch das Sägen, Hämmern und Schleifen des Ytongs fördert Feinmotorik, Auge-Hand-Koordination sowie die Finger- und Handmuskulatur der Kinder. Sie üben sich in der „Fingerschleiftechnik" (Wortschöpfung von Felix) mit Schleifpapier. Dabei wird das Schleifpapier immer nur mit dem Daumen und einem zusätzlichen Finger bewegt. „… Und jetzt nur mit dem kleinen Finger – des is schwer!"

Ästhetik und Gestaltung

- Ein breites Repertoire an Materialen und Bearbeitungsverfahren kennenlernen
- Techniken erproben und im gezielten Einsatz von Werkzeugen unterschiedliche Effekte erzielen
- Werkzeugerfahrungen übertragen und Zutrauen im Umgang mit verschiedensten Materialien entwickeln
- Geräusche differenziert wahrnehmen: Feilen verursachen unterschiedlichen „Klang", Hammer erzeugt je nach Krafteinsatz unterschiedliche Lautstärke
- Mischexperimente mit Primärfarben und den Verwandlungsprozess in Sekundärfarben entdecken

Luca, Noah, Rebecca und Nico bearbeiten mit voller Konzentration ihre Ytongsteine mit Feilen. Rebecca begleitet ihr Tun mit einem Summton und bemerkt beim Wechsel des Arbeitsgerätes, dass jede Feile ein anderes Geräusch erzeugt. Noah spielt mit und erzeugt „Hammermusik". „Nicht so laut mit dem Hammer!", ärgert sich Rebecca, „da hört man meine Musik ja nicht mehr!". Noah stimmt nach kurzer Überlegung zu und verringert seinen Krafteinsatz. Zum Takt der „Werkzeugmusik" verarbeiten die vier Kinder das Material zu feinem Pulver. Sie sammeln es in einem Gefäß, das sie mit Farben, Federn und Glitzersteinen schmücken.

Für ihren „Pulverschatz" suchen sie einen geeigneten Aufbewahrungsort.

Tobias und Michael fertigen im ersten Schritt einen Plan an: detaillierte Zeichnungen; und die sorgfältige Auswahl von zusätzlich benötigtem („wertlosem") Material folgt. Ihr Hauptaugenmerk liegt aber weniger am Bearbeiten des Ytongs mit Werkzeugen, sondern am Schmücken und Ausgestalten bereits bearbeiteter Ytongteile, die zur freien Verfügung stehen. Die beiden Buben beachten, dass „reservierte", beschriftete, Ytongsteine nur nach Rücksprache mit dem „Besitzer" weitergestaltet werden können.

Henry bemerkt, dass durch das Hineindrehen des Stemmeisens ein Loch entsteht. „Da kann man was hineinstecken! Eine Kerze vielleicht … dann kann man einen Adventskranz machen!", teilt er Luca mit. Die Pädagogin verfolgt das Gespräch und bringt den Kindern Stabkerzen. Die erste Kerze passt zufällig genau in das gebohrte Loch. Sogleich beginnt Henry, weitere Löcher zu bohren. Einige Kinder beobachten Henry und sind angeregt, eigene Adventskränze und Kerzenständer herzustellen, die anschließend mit Hingabe und Ausdauer dekoriert und bemalt werden.

Im Foyer arrangieren die Pädagogin und Kinder gemeinsam eine Ausstellung, in der der gefertigte Ytong-Adventschmuck präsentiert wird.

Alexander nutzt während des Bemalens seines Ytong-Steins die Malunterlage aus Karton als Farbmischpalette. Farben, die vom Ytong auf diesen Karton tropfen, vermischt er und entdeckt dabei die Entstehung von Sekundärfarben. Durch die Verwendung der Grundfarben entstehen neue Farbmischergebnisse, die auch andere Kinder zum Staunen einladen.

Natur und Technik

- Sachgerechte Handhabung von Werkzeugen (Feile, Stemmeisen, Hammer, Säge ...)
- Planen und Dokumentieren von Vorgehensweisen und Arbeitsschritten (Herstellen einer Aufbewahrungskiste für Ytong)
- Eigenschaften und Konsistenz verschiedener Stoffe kennenlernen (Ytong) und mit Experimenten vertiefen (Wasser, Klebstoff, Seife)
- Praktische Anwendung naturwissenschaftlicher Gesetzmäßigkeiten (schiefe Ebene, Waage, Hebel) erfahren
- Bewusstes Wahrnehmen chemischer Reaktionen (Rost)

Eine Diskussion über die sachgerechte Lagerung von Ytong entsteht: „Den müssen wir schützen, der verträgt kein Wasser, da wird er bröselig", wissen Luca und Felix. „Wirklich?", will Henry wissen. Die Pädagogin rät ihnen, doch die Eigenschaften bezüglich Wasserfestigkeit zu testen. Gleich wird der Ytong mit Wasser beträufelt, in Wasser eingetaucht und in eine Wanne mit Wasser gelegt. Die Buben warten und beobachten. „Ein bisschen Wasser kann er aushalten", stellen sie fest.

Währenddessen schleifen Felix, Henry, Maxi und David mit Schleifpapier, bohren mit Handbohrern und kratzen mit den Stemmeisen. Eine Höhle entsteht durch das Bohren, das Wasser wird hineingeschüttet: „He,

das ist ja ein Wassertunnel!" Beharrlich werden nun weitere Rinnen und Vertiefungen in den Ytong gefeilt und geschliffen. So entsteht ein Wasserdurchlass mit Gräben und Fangbecken, der zum Spiel mit Wasser anregt. Damit das Wasser fließen kann, muss ein Gefälle gestemmt werden. Felix gewinnt eine Einsicht: „Je steiler, desto schneller".

Auch der Staub des Ytongs weckt die Aufmerksamkeit einiger Kinder. Vor allem Rebecca, Luca und Noah machen sich daran, „Kleber" aus Staub und Wasser zu mischen. Dieser muss allerdings vor der Verwendung einige Zeit rasten. Das Aufquellen des mit Wasser vermischten Ytongstaubes ergibt auch eine formbare Masse. „Wie die Knete, nur aus Staub!", freut sich Rebecca.

Daniel und Maxi entwickeln ein Sportgerät. Vorerst zeichnen die Buben einen Plan für ein Trainingsgerät zum Surfen. Dann wird der Plan realisiert: Ein Brett wird mittig über den Ytongblock gelegt und die optimale Position, um das Brett waagrecht zu halten, ausgetestet. Jeder für sich erprobt die Balance des Brettes. Schnell wird klar, dass das Brett am Block fixiert werden muss. Daniel entscheidet sich dafür, die Teile mit Leim zu verbinden, Maxi hingegen nimmt Nägel.

Die Lagerung der restlichen Steine ist noch immer offen, als Luca den Vorschlag bringt, eine Kiste aus den Holzlatten und Brettern zu fertigen. Am folgenden Tag stellt die Pädagogin einen Akkuschrauber, passende Schrauben, eine Stichsäge, Wasserwaagen und eine Einwegpalette als Unterkonstruktion bereit. Die sortierten Bretter werden von den Kindern abgemessen und von der Pädagogin auf die passende Länge abgesägt. Hans-Jörg, Luca, Marc und Henry schrauben begeistert mit dem Akkuschrauber. Die Ytongkiste ist an einem Vormittag fertig. Stolz wird der Ytong nun sachgerecht und geschützt gelagert.

Nico, Loreen und Felix betrachten die Werkzeuge äußerst interessiert. „Was ist das Braune auf dem Stemmeisen?", fragt Loreen. Es handelt sich um Rost. Loreen will wissen, wie der Rost auf das Werkzeug kommt. Die Pädagogin recherchiert mit den Kindern im Internet und findet eine Versuchsanordnung mit Eisennägeln, um den Rostvorgang nachzuvollziehen. Dies wird im Kindergarten erfolgreich durchgeführt.

Transparenz der Bildungsarbeit in der Öffentlichkeit

Ausstellung im öffentlichen Raum

Die im Foyer arrangierte Ytong-Ausstellung findet unter den Kindern aber auch bei den Eltern großen Anklang. „Schade, dass die Schulkinder das nicht sehen können, weil die kommen ja nicht in den Kindergarten", bedauert Lara-Marie. „Die anderen Leute sehen sie auch nicht", stellt David fest. Die beiden teilen ihre Gedanken mit der Pädagogin, die zustimmt. Gemeinsam überlegen sie einen Ort, der für eine Ausstellung infrage kommen würde.

Das Aufgreifen der Idee der Kinder und die darauf folgende gemeinsame Planung einer öffentlichen Ausstellung verdeutlichen das durchgängige Prinzip der Partizipation in der Bildungsarbeit. Alle Entscheidungen werden geteilt und Lösungen für anstehende Probleme diskutiert und gefunden.

Bildungsprozesse, die von Kindern und Erwachsenen partnerschaftlich gestaltet werden, steigern den Lerngewinn für Kinder. Ideen und Perspektiven vervielfältigen sich und Kinder erfahren Stärkung in ihren Kompetenzen. Gleichzeitig eröffnet sich die Möglichkeit, dass Eltern im Sinne einer gelebten Bildungspartnerschaft ihre individuellen Kompetenzen in die Bildungsarbeit einbringen können. Eine Ausstellung bietet zudem die Gelegenheit, die Bildungsprozesse im Kindergarten öffentlichkeitswirksam darzustellen.

Nach Absprache mit dem Bürgermeister steht fest, dass eine Ausstellung rund um den gut frequentierten öffentlichen Brunnen aufgebaut werden kann.

Die Ausstellungsobjekte sind im Laufe des Jahres aus Ytong-Resten unterschiedlicher Größe entstanden. Für die Ausstellung muss nichts neu geschaffen werden, die vorhandenen Werke der Kinder werden zusammengetragen, von den Kindern ausgewählt und gemeinsam mit der Pädagogin und den Eltern arrangiert.

Die Pädagogin verfasst kurze Texte zu den Werken der Kinder, über den Entstehungsprozess und die Projektarbeit mit Ytong. Sie beschreibt zusätzlich die vielen Lernprozesse, die im Zuge der Ytong-Arbeiten stattgefunden haben. Die Texte werden durch Bilder der einzelnen Arbeitsschritte ergänzt und in einer „Austellungsbeschreibung" zusammengefasst. Diese findet sich auf der Homepage des Kindergartens und als Druckwerk in Form der Kindergartenzeitung.

Licht und Schatten

Impuls:

Die Zeitumstellung von Sommer- auf Winterzeit beschäftigt die Kinder. Sie wollen wissen, warum es im Winter früher dunkel wird und warum die Uhr umgestellt werden muss. Die Auswirkung des Lichts auf Lebewesen und Natur ist ebenso ein interessanter Schwerpunkt, der aufgegriffen wird.

Licht und Schatten

Bewegung und Gesundheit

- Gesundheitsbewusstsein: Ohne Licht kein Leben – Auswirkung von Licht auf Menschen, Pflanzen, Tiere
- Mögliche Gefahrenquellen im Umgang mit technischen Geräten (Overheadprojektor: Kabel, Strom ...) erkennen und einschätzen können
- Stärkung des Haltungsapparates, Körperanspannung und -entspannung im „Sonnengruß" aus dem Yoga wahrnehmen
- Sinnliche Erfahrungen mit Wärme und deren positive Auswirkungen auf die Gesundheit
- Wahrnehmung und Orientierung im Dunklen – Grenzen spüren (Sinnesraum)

Ethik und Gesellschaft

- Philosophieren über Zeit (Was passiert mit Pflanzen, Menschen ..., wenn die Zeit vergeht? Was wäre, wenn wir keine Uhren hätten?)
- Die Vorgänge in der Umwelt bestaunen und wertschätzen
- Religiöse Feste und Feiern im Jahreskreis gestalten und erleben und über diese Erlebnisse die Zusammenhänge mit dem eigenen Leben verdeutlichen, z.B. anderen Freude bereiten als Nikolaus für die Senioren, die Gemeinde, meine Familie

Emotionen und soziale Beziehungen

- Das Miteinander beim gemeinsamen Entdecken und Erforschen erleben
- Die Bedeutung von Licht und Schatten im Zusammenhang mit Dunkelheit und Angst sowie Licht und Freude
- Benennen, Erkennen und Darstellen von eigenen und fremden Emotionen
- Sich seiner Gefühle bewusst werden und diese angemessen ausdrücken können
- Rücksichtsvoll miteinander umgehen und Kompromisse schließen können

Sprache und Kommunikation

- Vielfältige Gespräche über Dunkelheit, Schatten und Angst
- Auseinandersetzung mit Sprache und Illustrationen in Bilderbüchern, Sachbüchern und Lexika
- Geschichten selbst erfinden und szenisch darstellen
- Wortschatzerweiterung (Sonnensystem, Weltall, Minuten, Sekunden ...)
- Forschungsergebnisse auf Plakaten darstellen und dabei Symbole, Schriftzeichen, Zahlen nutzen
- Digitale Medien: Nutzen einer Sach-DVD für Kinder über das Sonnensystem und Internetrecherche

Natur und Technik

- Vorgänge in der Umwelt (Licht und Schatten, Sonnenstand, Wetter) bewusst beobachten und daraus Fragen ableiten
- Kurz- und längerfristige Veränderungen in der Natur beobachten, vergleichen, beschreiben und so mit ihnen vertraut werden (Tageslauf, Jahreszeiten, Naturkreislauf)
- Hypothesen aufstellen und diese mit kindgerechten Methoden überprüfen (Erddrehung, Tageslauf und die Erde als Teil des Sonnensystems an Modellen nachvollziehen)
- Sich in Zeit und Raum orientieren (Uhr, Kalender), zeitliche Abfolgen und Rhythmen wahrnehmen
- Lichtreflexion und Spiegelwirkung sowie Lichtdurchlässigkeit und Schattenwirkung erfahren (Overheadprojektor)
- Mit Licht und Schatten experimentieren (Wie entsteht ein Schatten? Wann verändert der Schatten Größe, Intensität und Lage?)

Ästhetik/Gestaltung

- Lieder in Tanz und Bewegung umsetzen (Sonnentanz, Rhythmik)
- Lieder, kleine Spielszenen und Geschichten szenisch, instrumental und vokal gestalten
- Entwerfen und Herstellen eigener Bühnenbilder für das Schattentheater
- Anfertigen von Scherenschnitten und Schattenfiguren
- Fotografien und Bilder zum Thema Sonnensystem sammeln, bewusst betrachten und arrangieren
- Die physikalische Sonne bildnerisch und plastisch gestalten

Emotionen und soziale Beziehungen

- Das Miteinander beim gemeinsamen Entdecken und Erforschen erleben
- Die Bedeutung von Licht und Schatten im Zusammenhang mit Dunkelheit und Angst sowie Licht und Freude
- Benennen, Erkennen und Darstellen von eigenen und fremden Emotionen
- Sich seiner Gefühle bewusst werden und diese angemessen ausdrücken können
- Rücksichtsvoll miteinander umgehen und Kompromisse schließen können

Anhand des Bilderbuchs „Der Sternenbaum" (Gisela Cölle, 1997) werden Kinder angeregt, über Empfindungen und Gefühle zu sprechen. In der Geschichte werden symbolisch Sterne verschenkt, die Hoffnung geben sollen, wenn Situationen schwer lösbar scheinen. Die zuhörenden Kinder überlegen, wann sie einen Hoffnungsstern brauchen. Nico meint dazu: „Als ich den Streit mit Loreen hatte, war ich sehr böse auf sie. Ich glaub, da hätten wir den Stern gebrauchen können!" Nicht nur Streitsituationen werden beschrieben, sondern auch andere Emotionen erörtert. Hanna erzählt: „Wenn ich den Marc sehe, bin ich verliebt, der ist nämlich mein Freund und ich werde ihn heiraten und zu meinem Geburtstag einladen. Ich glaub er mich auch."

Die Pädagogin spricht mit den Kindern über Freude, Freundschaft, Liebe, Angst, Trauer, Streit … Die Kinder beschreiben, wie sie sich fühlen, wenn sie sich freuen. „Wie beim Christkind ist das, da bin ich zuerst aufgeregt und dann muss ich lachen", erzählt Felix. „… Und als mein Urliopa gestorben ist, da hab ich weinen müssen, weil ich ihn nicht mehr sehen kann", zeigt sich Christoph betroffen. Die anderen Kinder fügen ebenfalls Beispiele, „als sie traurig waren", tröstend hinzu. Die Pädagogin erzählt den Kindern in Folge das Buch: „Als der kleine rosa Elefant einmal sehr traurig war und wie es ihm wieder gut ging" (Monika Weitze/Eric Battut, 2008). Auch diese Erzählung bietet zahlreiche weitere Gesprächsanlässe.

Das Spiel „Mimix" ist während dieser Zeit das Lieblingsspiel der Kinder. Hierbei werden Grimassen geschnitten und Gesichtsausdrücke der Mitspieler gedeutet. Diese mimische Darstellung wird von einer „Schauspielgruppe" übernommen und in den zweiten Teil des Theaters „Der Sternenbaum" eingebaut. Hier werden von Kindern erfundene Szenen dargestellt, in welchen der symbolische Hoffnungsstern in Erscheinung tritt. Ziel ist, das Theaterstück den Gästen bei der Adventsfeier vorzuspielen. Die einzelnen Szenen spiegeln den Kindergartenalltag wider: „Meine Patschen sind weg", „Streit unter Freunden" und „Ich brauche Unterstützung beim Aufräumen". Die Kinder haben bei den Proben als auch bei der Aufführung sichtlich Spaß, tagelang werden die Spielszenen im Freispiel wiederholt und ausgebaut.

Die Herstellung der Weihnachtsgeschenke für die Eltern und das Backen von Keksen zum Verschenken an die SeniorInnen des benachbarten Wohnheims schafft eine „Weihnachtswerkstatt-Atmosphäre" begleitet von angenehmen Düften im Kindergarten. Die Vorfreude auf das bevorstehende Fest und die Heimlichkeiten beim Verpacken der Geschenke beflügeln die Kreativität der Kinder. Liebevoll werden Geschenke ausgewählt und auf die jeweils Beschenkten abgestimmt. So wählen Kinder aus einer Vielfalt von Möglichkeiten: Selbst gemachte Kräuter-Duft-Kissen oder Teebeutel werden mit den im Kindergarten im Herbst geernteten Kräutern befüllt. Kerzen aus Bienenwachs werden gerollt und dazugehörige Kerzenständer aus Gläsern gestaltet. Die im Herbst geernteten und in Schokolade getauchten Kürbiskerne werden in bemalte Cellophansackerl verpackt.

Ethik und Gesellschaft

- Philosophieren über Zeit (Was passiert mit Pflanzen, Menschen ..., wenn die Zeit vergeht? Was wäre, wenn wir keine Uhren hätten?)
- Die Vorgänge in der Umwelt bestaunen und wertschätzen
- Religiöse Feste und Feiern im Jahreskreis gestalten und erleben und über diese Erlebnisse die Zusammenhänge mit dem eigenen Leben verdeutlichen, z.B. anderen Freude bereiten als Nikolaus für die Senioren, die Gemeinde, meine Familie

Es ist Montag. Wir treffen uns im Begrüßungskreis. Viele Kinder berichten aufgeregt, dass am Wochenende die Zeit umgestellt wurde. „Die Uhr ist eine Stunde zurückgestellt worden", weiß Marie. Die Pädagogin fragt: „Was meinst du, warum das so ist?" und will damit ein gemeinsames Nachdenken eröffnen. Manche Kinder überlegen, andere zucken mit den Achseln. Einige wissen Antworten, die einen Gedankenaustausch anregen.

Die Pädagogin lädt die Kinder zum Weiterfragen ein und ermutigt sie, eigene Hypothesen zu formulieren. Fragen wie „Wofür brauchen wir die Zeit? Womit kann ich die Zeit messen? Warum muss ich Zeit messen? Woran kann man sehen, dass die Zeit vergeht?" werden eingebracht.

„Ich muss ja wissen wie spät es ist, sonst versäume ich den Bus!", stellt Julia fest. „Und um Sieben muss ich schlafen gehen, sonst bin ich am nächsten Tag nicht ausgeschlafen", ergänzt Sebastian. „Ohne Uhrzeit kann ich meine Geburtstagsparty nicht machen, weil meine Freunde nicht wissen, wann sie zu mir kommen sollen.", meint Xaver, „und die Kerzen auf Torte der zeigen, dass ich jedes Jahr älter werde!".

Die Kinder gewinnen die Erkenntnis, dass die Uhrzeit das Zusammenleben maßgeblich beeinflusst. Die Pädagogin führt zur Ausgangsfrage des Gesprächs zurück und Maxi hat eine Antwort: „Weil im Winter weniger Licht ist."

Der Auftakt für die Auseinandersetzung mit Licht und Schatten ist gegeben. Da verschiedene Religionen und Kulturen im Kindergarten beheimatet sind, stellt die Pädagogin als Schwerpunkt für die traditionellen Feste in der Vorweihnachtszeit das „Licht" als Symbol für Nächstenliebe in den Vordergrund. Beginnend mit dem Lichterfest im November wird gemeinsam überlegt, in welchen Situationen sie selbst „Licht" für andere waren.

Ein Adventskalender für Kinder und deren Familien trägt ebenso den Aspekt des Lichts. Jedes Kind gestaltet dafür eine kleine Adventsschachtel, die mit dem Leporellobilderbuch „Der kleine Stern", einem Teelicht, einem Sternensticker und einem Begleitschreiben als Geschenk für die Familien gefüllt wird.

Täglich nimmt ein anderes Kind seine Schachtel mit nach Hause. Jede Familie bringt tags darauf einen Stern (gefaltet, ausgeschnitten, aus Stroh ...) mit in den Kindergarten. Diese Sterne werden auf einer Wäscheleine angebracht und schließlich als Kulisse für die Adventfeier verwendet. Als Hoffnungsstern nimmt jedes Kind letztlich wieder einen mit nach Hause.

Der Festtag des Hl. Nikolaus am 6. Dezember ist Anlass dafür, das benachbarte Seniorenwohnheim zu besuchen. Eine Gruppe von Kindern verkleidet sich als Nikoläuse und bringt selbstgebackene Kekse mit. Gemeinsam mit den SeniorInnen werden Lieder gesungen.

Ein weiteres religiöses Symbol findet im gemeinsamen Binden und Schmücken des Adventkranzes Einzug in den Kindergarten, der vom Pfarrer des Ortes gesegnet wird. Bei seinem Besuch im Kindergarten entwickeln sich zahlreiche Gespräche rund um „kirchliche Erlebnisse" der Kinder.

Sprache und Kommunikation

- Vielfältige Gespräche über Dunkelheit, Schatten und Angst
- Auseinandersetzung mit Sprache und Illustrationen in Bilderbüchern, Sachbüchern und Lexika
- Geschichten selbst erfinden und szenisch darstellen
- Wortschatzerweiterung (Sonnensystem, Weltall, Minuten, Sekunden ...)
- Forschungsergebnisse auf Plakaten darstellen und dabei Symbole, Schriftzeichen, Zahlen nutzen
- Digitale Medien: Nutzen einer Sach-DVD für Kinder über das Sonnensystem und Internetrecherche

Für das Lichterfest wird die Geschichte „Der Sternenbaum" (Gisela Cölle, 1997) erarbeitet. Diese soll auf Wunsch der Kinder am Overheadprojektor dargestellt werden.

Durch das Experimentieren mit dem Projektor in Verbindung mit Erzählungen, beginnen einige Kinder, eigene Geschichten zu überlegen. Maxi und Daniel planen, ein „Bilderbuchkino" für andere zu gestalten. Sie wählen ein Bilderbuch aus der Bibliothek aus und leiten intensive Proben ein. Daniel ist dabei für die Bilder verantwortlich und Maxi ist Erzähler.

„Leg das Buch jetzt auf den Overheadprojektor!", fordert er Daniel auf. Maxi beginnt zu erzählen und stellt bei einem Kontrollblick auf die Wand erschrocken fest, dass „... da ja alles nur schwarz (ist)!". „Du musst das Buch schon aufmachen!", schimpft er mit Daniel. Nach einigen Versuchen erkennen sie, dass das Buch nicht durchscheinend ist, und entschließen sich daher, ihr Vorhaben anders zu verwirklichen. Unter Nutzung des Legematerials und der Klangbausteine entsteht schließlich eine ansprechende Klanggeschichte. Sorgfältig werden „Kinokarten" für ihre Vorstellung gezeichnet und ausgeschnitten. Zu einem späteren Zeitpunkt zeichnen, schreiben und malen sie eine weitere Geschichte direkt auf Overheadfolien und haben so ein „echtes Bilderbuchkino", mit eigener Geschichte.

Die Pädagogin nutzt den Overheadprojektor für Rätselspiele. Auf einer transparenten Folie wird eine Kreisform angedeutet. Die Kinder raten. „Das ist ein Ball, eine Kugel, ein Ring, ein Plätzchen ..." „Ja! All das könnte es sein, denn es ist rund", ermuntert die Pädagogin zum Weiterraten. Sie ergänzt nun Umrisse der Kontinente und fügt Häuser dazu. Zusätzlich gibt es folgenden Hinweis: „Es beginnt mit einem E und endet mit einem E." Sofort erraten die Kinder, dass es sich um die Erde handelt. Nun ergänzen die Kinder das Bild mit Tieren, Pflanzen, Menschen, Luft, Wasser, dem Krampus, dem Kindergarten und der Sonne. „Nein, die Sonne nicht, die leuchtet nur auf die Erde", weiß Loreen. Sie möchte ihr eigenes „Erdbild" entwerfen und verlangt nach einem Buch, um nachschlagen zu können. Tags darauf präsentiert sie ein Plakat von der Erde und erläutert ihre Recherchen dazu. Sie referiert kurz darüber, dass die Erde Meere, Berge und Vulkane hat. „Und es gibt ganz viele verschiedene Tiere auf der Erde, mehr als 1000!"

Die täglichen Gespräche über Tag und Nacht, heute, morgen ... inspirieren einzelne Kinder, ein Tagebuch zu führen. Jasmin, Maria und Ayana nehmen vorhandene Kalenderbücher aus der Schatzkammer und notieren darin ihre Aktivitäten und Pläne. Tägliche „Updates" unter den Kindern sind spannend und ein gegenseitiges Erzählen der Wochenenderlebnisse erfolgt in regelmäßigen Abständen.

Bewegung und Gesundheit

- Gesundheitsbewusstsein: Ohne Licht kein Leben – Auswirkung von Licht auf Menschen, Pflanzen, Tiere
- Mögliche Gefahrenquellen im Umgang mit technischen Geräten (Overheadprojektor: Kabel, Strom ...) erkennen und einschätzen können
- Stärkung des Haltungsapparates, Körperanspannung und -entspannung im „Sonnengruß" aus dem Yoga wahrnehmen
- Sinnliche Erfahrungen mit Wärme und deren positive Auswirkungen auf die Gesundheit
- Wahrnehmung und Orientierung im Dunklen – Grenzen spüren (Sinnesraum)

In Gesprächen und Geschichten erfahren Kinder über den Wert des Lichts für Natur und Lebewesen. Die Pädagogin plant, mit den Kindern die Dunkelheit bewusst wahrzunehmen. Der Sinnesraum ist abgedunkelt und die teilnehmenden Mädchen warten vor der Tür. Einzeln betreten sie den Raum und versuchen, sich im Dunkeln zu orientieren. Die Pädagogin weist jedem Kind mithilfe einer Taschenlampe (Lichtpunkt) einen Platz in einem Sitzkreis zu. Nachdem jedes Mädchen seinen Platz eingenommen hat, werden die Erfahrungen ausgetauscht. Nur eine Taschenlampe erhellt den Raum während des Gesprächs. „Ich konnte fast gar nix sehen." „Ich hab mich sogar getraut, die Augen zuzumachen." „Ich mag das Finstere nicht.", stellen Marie und Jasmin fest. Caitlin bringt ein, dass blinde Menschen nicht sehen können und es für diese Menschen immer dunkel sein muss.

„Damit die Augen gesund bleiben, muss ich Karotten essen, sagt die Oma" erklärt Marie.

Die Taschenlampe der Pädagogin veranlasst die Kinder zu einem Spiel. Sie wollen mit der Taschenlampe angeleuchtet werden und ausprobieren, ob man mit geschlossenen Augen Licht sieht. „Die Augen waren zu und ich habe das Licht gesehen", stellt Jasmin verwundert fest, „aber es war rosa." Die Kinder spüren auch die Wärme der Lichtquelle. Sie wollen das Licht auf verschiedenen Körperteilen spüren und legen sich auf Bauch oder Rücken. „Der Papa bestrahlt sich mit rotem Licht, wenn er Rückenschmerzen hat" und „In der Infrarotkabine daheim gibt es auch warmes Licht", wissen die Mädchen. Jasmin weiß, dass eine Wärmflasche bei Bauchschmerzen guttut. Die Mädchen kommen zum Schluss, dass Wärme und Licht angenehm sind. Die Pädagogin bestrahlt mit der Taschenlampe einzelne Körperteile der Mädchen, die den beleuchteten Körperteil benennen. Reihum darf jede die Beleuchterin sein. Es wird gesprochen, was angenehm ist und was nicht. „Ich mag nicht, wenn das Licht mich blendet", sagt Jasmin. Nach einiger Zeit verlässt die Pädagogin den Raum und die Gruppe experimentiert mit Licht und Dunkelheit verantwortungsbewusst weiter.

Beim anschließenden Austausch mit anderen Kindern wird besprochen, dass menschliche Augen im Dunkeln nicht so gut sehen können wie die der Katzen. „Katzen können in der Nacht viel besser sehen als wir – ihre Augen leuchten nämlich", erklärt Henry. Die Kinder wollen nun wissen, warum Katzenaugen im Dunkeln leuchten. Mit dieser Frage konfrontiert, lädt die Pädagogin die Kinder ein, gemeinsam im Internet zu recherchieren. Dabei finden sie einen Hinweis auf „Katzenaugen", die als Reflektoren bei Fahrrädern von Menschen genutzt werden. Diese Verknüpfung regt die Kinder an, gleich bei den Fahrrädern Nachschau zu halten.

Im Begrüßungskreis wird festgestellt, dass die Sonne nicht scheint, sondern düsteres, nebliges Wetter vorherrscht. Mit einem Singspiel („Die Sonne geht auf") holt die Pädagogin symbolisch Sonnenstrahlen in den Raum. Während des Singens berührt sie die Kinder, die ihre Augen geschlossen halten, sanft mit einem Chiffontuch, um sie „wach zu kitzeln". Aus Chiffontüchern wird im Anschluss eine Sonne gelegt. Die Pädagogin zeigt einen „Sonnengruß". Davon angeregt erfinden die Kinder einen „Sonnentanz", einen „Schattentanz" und einen „Sternentanz". Letzterer wird bei der Adventsfeier von einigen Kindern für die Eltern vorgetanzt. Auch bei den täglichen Zusammenkünften am Morgen werden die Tänze vor- und mitgetanzt.

Als Maxi und Daniel ihre Geschichte am Overheadprojektor vorbereiten, läuft Noah in den Raum und stolpert beinahe über das angesteckte Kabel des Projektors. Daniel ruft aufgeregt: „Stop! Pass doch auf das Kabel auf! Da ist Strom drinnen!" Maxi ergänzt, dass Noah auch auf das Licht aufpassen muss und nicht direkt hineinschauen darf.

Noah verspricht, besser aufzupassen, will aber das Geschehen der beiden verfolgen und besucht in regelmäßigen Abständen die beiden Freunde unter Beachtung der Vorsichtsmaßnahmen. Maxi und Daniel ihrerseits beschließen, das Kabel am Boden mit Klebeband zu fixieren, um etwaigen Unfällen vorzubeugen und ungestört weiterarbeiten zu können. ■

Ästhetik und Gestaltung

- Lieder in Tanz und Bewegung umsetzen (Sonnentanz, Rhythmik)
- Lieder, kleine Spielszenen und Geschichten szenisch, instrumental und vokal gestalten
- Entwerfen und Herstellen eigener Bühnenbilder für das Schattentheater
- Anfertigen von Scherenschnitten und Schattenfiguren
- Fotografien und Bilder zum Thema Sonnensystem sammeln, bewusst betrachten und arrangieren
- Die physikalische Sonne bildnerisch und plastisch gestalten

Die Pädagogin erarbeitet mit den Kindern das Lied „Die Sonne geht auf ..." und stellt es mit Chiffontüchern szenisch dar. Als Weiterführung lädt die Pädagogin eine Kleingruppe von Kindern ein, mit einigen bereitgestellten Orff-Instrumenten, den Chiffontüchern und unterschiedlichen Taschenlampen einen „Sonnentanz" zu kreieren.

Die Kinder experimentieren vorerst mit den Tüchern, den Instrumenten und den Lichtquellen. Nach einiger Zeit kristallisiert sich eine spielbestimmende Richtung heraus: Die Sonnenstrahlen werden mit den bereitgestellten Instrumenten vertont, die bereits bekannte Darstellung mit den Tüchern integriert und mit dem eigenen Körper das Wachsen und Aufgehen der Sonne ausgedrückt. Ein kleines Theaterstück über die Sonne, Sterne und einen Blitz entsteht. Im gemeinsamen Mittagskreis präsentieren die DarstellerInnen ihr Spielstück mit Stolz und regen weitere Kinder zum Musizieren und Theaterspielen an.

Heute soll eine Sonne kaschiert werden. Gemeinsam werden die vorbereitenden Tätigkeiten durchgeführt: Zeitungen zerrissen, Kleister angerührt und ein großer Wasserball aufgepumpt. Das Arbeiten mit Kleister ruft unterschiedliche Reaktionen hervor: Einige Kinder genießen das Eintauchen in die kühle geleeartige Masse und haben offensichtlichen Spaß an dieser sinnlichen Erfahrung, andere Kinder sind vorsichtig und zögerlich und verteilen mit einzelnen Fingern Kleister auf dem Ball. Da viele Schichten Zeitungspapier auf den Ball kaschiert werden, zieht sich der Gestaltungsprozess über mehrere Tage und viele Kinder beteiligen sich. Schließlich ist es so weit, und das Werk erhält die entsprechenden Farben.

Mit breiten Pinseln aber auch mit den Händen werden Gelb-, Orange sowie Rottöne aufgetragen und vermischen sich dabei so ineinander, dass stets neue Farbtöne entstehen. Die fertiggestellte Sonne wird an die Decke des Eingangsbereichs gehängt.

Für das Lichterfest ist geplant, das Bilderbuch „Der Sternenbaum" (Gisela Cölle, 1997) als Overheadgeschichte auszugestalten. Die Pädagogin erzählt die Geschichte in mehreren Etappen, ohne jedoch die Illustrationen zu zeigen. Die Kinder werden angeregt, das Gehörte zu zeichnen, zu malen oder auszugestalten. Als Materialen stehen dafür Overheadfolien, geeignete Stifte und Farben, Klebestoffe sowie „wertloses" Material bereit. Die beteiligten Kinder tauschen sich angeregt über den Inhalt der Geschichte aus und wählen die für sie passenden Gestaltungsutensilien. Die Begeisterung, mit diesen „ungewöhnlichen" Materialien kreativ zu sein, wirkt ansteckend: 50 Folien entstehen!

Xaver ist fasziniert von Scherenschnitten. Seine bereits über den Vormittag andauernde Begeisterung beim Schneiden und die Überraschung beim Öffnen, veranlassen die Pädagogin dazu, für ihn tags darauf im Sinnesraum den Overheadprojektor vorzubereiten. Zusätzlich klebt sie ein weißes Plakat an die Wand und stellt Fasermaler bereit.

Am Ende des Begrüßungskreises lädt sie ihn ein, seine Scherenschnitte zu holen und mit ihr gemeinsam in den Sinnesraum zu gehen. Xaver legt dort einen seiner Sterne auf die Projektionsfläche. Er ist überrascht: „Wow! Der ist ja riesig! Das ist meiner?" Die Pädagogin ermuntert ihn, die Probe zu machen: „Überprüf es doch!" Er hält seine Hand auf den Overheadprojektor und identifiziert den riesigen Handschatten auf dem Riesenscherenschnitt als seinen. „Echt meiner!", stellt er begeistert fest. Xaver fährt den Umriss des projizierten Sterns mit den Fingern nach. Die Pädagogin deutet auf die Stifte und Xaver zeichnet das Objekt auf dem weißen Plakat genau nach.

Die Hingabe und Ausdauer während seines Tuns lässt sich auch durch hinzukommende Kinder nicht unterbrechen. Die Herausforderung, alle Lücken nachzuzeichnen, strengt ihn sichtlich an. Xaver erntet im Mittagskreis Bewunderung aller Kinder und sein Riesenscherenschnitt bekommt zu Hause einen Ehrenplatz.

Die Pädagogin beschließt, für Xaver eine Lerngeschichte zu verfassen, um für ihn seinen Bildungsprozess wertschätzend und anerkennend zu dokumentieren.

Natur und Technik

- Vorgänge in der Umwelt (Licht und Schatten, Sonnenstand, Wetter) bewusst beobachten und daraus Fragen ableiten
- Kurz- und längerfristige Veränderungen in der Natur beobachten, vergleichen, beschreiben und so mit ihnen vertraut werden (Tageslauf, Jahreszeiten, Naturkreislauf)
- Hypothesen aufstellen und diese mit kindgerechten Methoden überprüfen (Erddrehung, Tageslauf und die Erde als Teil des Sonnensystems an Modellen nachvollziehen)
- Sich in Zeit und Raum orientieren (Uhr, Kalender), zeitliche Abfolgen und Rhythmen wahrnehmen
- Lichtreflexion und Spiegelwirkung sowie Lichtdurchlässigkeit und Schattenwirkung erfahren (Overheadprojektor)
- Mit Licht und Schatten experimentieren (Wie entsteht ein Schatten? Wann verändert der Schatten Größe, Intensität und Lage?)

Die Zeitumstellung beschäftigt die Kinder. Eine Interessensgruppe beschäftigt sich mit selbst gestalteten Bildkarten, auf denen Lichtquellen dargestellt sind, und unterscheidet zwischen natürlichen und künstlichen Lichtquellen. Unter Nutzung des Mediums Internet erfahren die Kinder, was Licht ist und woher das Licht kommt. Die Erkenntnis, dass der Mond selbst nicht leuchtet und dennoch in der Nacht scheint, wirft Fragen auf. „Warum scheint der Mond dann trotzdem so hell?", fragt Sebastian. Die Pädagogin veranschaulicht, wie es dazu kommt, dass der Mond leuchtet. Mit einem Globus, auf dem eine Playmobilfigur fixiert ist, einer Tischleuchte als Sonne, einem Ball als Erdtrabanten wird die Umlaufbahn der Erde um die Sonne dargestellt. Wiederholte Male fordern verschiedene Kinder die Pädagogin auf, den Vorgang zu zeigen. Staunend stellen sie fest, was alles von der Sonne und der Bewegung der Erde abhängig ist.

Die Pädagogin regt ein Weiterdenken an. Die Fragen, wie Tag und Nacht entstehen und wie viele Tage die Erde für eine Umkreisung der Sonne braucht, kann Luca beantworten: „Es sind 365 Tage!" Es entwickelt sich ein Spiel, bei dem die Kinder selbst die Erde spielen und sich auf ihrer Umlaufbahn um die Sonne bewegen. „Sonne – finster – Tag – Nacht", wiederholen sie bei ihren Drehungen um die eigene Achse. Das variierende Tempo der Umdrehungen steuert den Sprechrhythmus; und dieser bewegte Sprechgesang bereitet den Kindern sichtlich Freude.

„Und warum leuchten die Sterne?", wirft Jasmin ein. Die Pädagogin schlägt gemeinsam mit den Kindern in einem Lexikon nach. Durch die Auseinandersetzung mit der Fachliteratur gewinnen die Kinder unter anderem die Erkenntnis, dass es unterschiedliche Sternformen gibt. Angeregt zeichnen sie selbst Sterne und zählen

die Zacken. Sie vergleichen: „Meiner hat vier Zacken und deiner?" Jasmin ist fasziniert von den Sternen und hinterfragt, warum diese „... in echt keine Zacken haben". So ergibt ein Denkanstoß den nächsten und eine konzentrierte Auseinandersetzung mit der Thematik erwächst.

Im Sinnesraum werden verschiedene Leuchten, Taschenlampen und ein Overheadprojektor zum Experimentieren angeboten. Ausgehend von Licht und dem eigenen Körper entdecken die Kinder ihren eigenen Schatten. „Schau, dein Schatten an der Wand!" „Meine Hand ist ja riesengroß!" Später werden verschiedenste Materialien ergänzt – bunte und transparente Folien, farbige Plastikstäbe, Muggelsteine, Holzringe und -leisten, Korken, Federn bereichern das Ausprobieren der Schattenwirkung. „Da kann ich einen blauen Schatten sehen und da nur schwarz", zeigt sich Maxi verwundert. Aufgeregt teilen die Kinder diese Erkenntnis der Pädagogin mit und bitten um Erklärungen.

An der Terrassentüre stehend entdeckt Xaver einen „Regenbogen". „Schau, ganz buntes Licht kommt da!", ruft er seine Freunde herbei. Interessiert begutachten sie den Regenbogen und können ihn sogar verschwinden lassen: zwischen das Licht der Sonne und die Scheibe gestellt, verschwindet er. Unter Anleitung der Pädagogin stellen die Kinder im Freien selbst einen Regenbogen her. Wasser wird langsam und gleichmäßig in eine Wanne geleert. Das Licht der Sonne ermöglicht einen Regenbogen. „Ahh! Deshalb ist der da, wenn der Regen bei uns weg ist und woanders regnet's noch", stellt Xaver fest.

Alle Erkenntnisse werden zusammengetragen und ausgetauscht und viele Fragen begleiten die Kinder für eine lange Zeit. Manche bleiben auch offen.

Bildungs- und Lerngeschichte

Licht und Schatten

Lieber Xaver,

ich habe dir gestern dabei zugesehen, als du Scherenschnitte hergestellt hast. Du hast Papier gefaltet und mit einer kleinen Schere verschieden große Stücke an den Kanten ausgeschnitten. Jedes Mal, wenn du das Werk entfaltet hast, ist ein bezaubernder Stern entstanden. Kannst du dich noch erinnern, wie viele Sterne du geschnitten hast?

Du hast sehr konzentriert gearbeitet und immer wieder haben dir Kinder zugesehen und deine Scherenschnitte bestaunt. Ich habe gehört, wie du ihnen geduldig die einzelnen Arbeitsschritte erklärt und von deinem Vorhaben erzählt hast, einen richtigen Sternenhimmel zu gestalten. Das hat mich auf die Idee gebracht, dir einen Overheadprojektor zu bringen. Zuerst warst du ganz verwundert. Aber dann hast du einen Scherenschnitt auf die Projektionsfläche gelegt und gesehen, dass der Stern nun an der Wand sichtbar war. Du hast gelacht und mir zugerufen „Schau, der ist jetzt ja riesengroß!"

Zuerst hast du den Scherenschnitt am Overheadprojektor gedreht und gewendet, bis er die passende Position hatte. Dann hast du ihn mit Muggelsteinen aus unserer Schatzkiste zum „Funkeln" gebracht. Schließlich bist du aufgestanden und hast die Umrisse des Scherenschnittes an der Wand mit dem Finger nachgezeichnet. Du musstest dich ordentlich strecken, um auch die höchstgelegene Spitze des Schattens an der Wand zu erreichen! Schließlich habe ich mich zu dir gesetzt und

du hast mir gesagt, dass du diesen „riesigen Stern" am liebsten mit nach Hause nehmen würdest. Aber wie sollte das funktionieren? Gemeinsam haben wir überlegt, wie du diesen Schattenstern „einfangen" könntest, und am Schluss hatten wir eine Idee:

Ich habe dir einen großen Papierbogen gebracht und du hast passende Farbstifte ausgewählt. Das Papier haben wir an der Wand befestigt und deinen Stern darauf projiziert. Nun hast du mit den Stiften die Umrisse auf dem Papier nachgezogen. Du warst dabei sehr konzentriert und hast dich von den zusehenden Kindern nicht ablenken lassen. Um auch die Spitze ganz oben genau zu übertragen, hast du einen Sessel geholt und dich daraufgestellt. Ich glaube, du hast dich sehr bemüht, jedes Detail deines Sterns exakt festzuhalten!

Im Mittagskreis hast du dein Kunstwerk deinen Freunden präsentiert und beschrieben, wie du dabei vorgegangen bist. Du warst sehr stolz auf dein Bild!

Hast du nicht Lust, als Experte auch anderen Kindern zu zeigen, wie man den Overheadprojektor bedient und wie „Riesensterne" entstehen?

Es ist für mich schön zu beobachten, wie sorgfältig du arbeitest und wie geduldig du deinen Freunden immer wieder Arbeitsschritte erklärst und sie unterstützt!

Deine Michaela

Wettertagebuch

Impuls:

An einem kalten Novembertag bildet sich der erste Reif. Der kristalline, beinahe schneeartige Belag an den Spielgeräten fasziniert die Kinder und lockt sie in den Garten.

Wettertagebuch

Emotionen und soziale Beziehungen

- Eigene Bedürfnisse zum Ausdruck bringen und Bedürfnisse der anderen wahrnehmen
- Sich einer Gruppe zugehörig fühlen und für sich und andere Verantwortung übernehmen sowie Regeln vereinbaren und einhalten können ("Pass auf! Du musst vorsichtig sein, es ist rutschig")
- Selbsteinschätzung und Zutrauen in die eigenen Fähigkeiten stärken ("Ich trau mich, ich trau mir das zu, ich kann anderen helfen")
- Lösungswege durch den Austausch unterschiedlicher Erfahrungen und Meinungen finden
- Verschiedene Sichtweisen einnehmen, sich einfühlen können und hilfsbereit sein

Ethik und Gesellschaft

- Bildbetrachtung mit der vertieften Auseinandersetzung über schneereiche und schneearme Winter, Bedeutung des Klimaschutzes in diesem Zusammenhang
- Naturphänomene bestaunen und deren Einzigartigkeit erkennen (kein Eiskristall gleicht dem anderen)
- Gespräche mit Senioren über Winter in der Vergangenheit (Fehlen technischer Hilfsmittel zu Schneeräumung und Beheizung, große Schneemengen ...)
- Errungenschaften des technischen Fortschritts bewusst machen (moderne Heizmöglichkeiten ...)

Ästhetik/Gestaltung

- Verschiede Schriftzeichen kennenlernen
- Erproben unterschiedlicher Mal- und Zeichentechniken (Wachsabsprengtechnik, Kratztechnik) und als Ausdrucksmöglichkeit nutzen
- Mit verschiedenen Werkzeugen (Fingern, aber auch Hilfsmitteln) Spuren hinterlassen
- Die sinnliche Wahrnehmung der Umwelt (Winterlandschaft, Kälte, Schneefall, Nässe ...) auf unterschiedliche Weise darstellen
- Ausdruckskraft von Farben und deren Wirkung auf Stimmung und Gefühle erleben (kalt – warm)

Bewegung und Gesundheit

- Grundverständnis über den Zusammenhang von Hygiene und Gesundheit erwerben: Nicht jedes Eis kann ich essen (Verunreinigungen im Eis)
- Gespür dafür entwickeln, was mir guttut und mich gesund hält; Verantwortung für den eigenen Körper übernehmen (entsprechende Kleidung bei niedrigen Temperaturen)
- Mögliche Gefahrenquellen einschätzen und erkennen (Bewegungen auf Eis), Bewegungsabläufe an die Witterungsverhältnisse anpassen und gefahrenträchtige Aktivitäten abbrechen

Natur und Technik

- Aggregatszustände des Wassers kennenlernen (Unter welchen Voraussetzungen gefriert Wasser?)
- Warme und kalte Luft im Innenraum und im Freien wahrnehmen (Was spürt man auf der Haut wenn die Luft kalt/warm ist?)
- Lufttemperatur messen, vergleichen und dokumentieren
- unterschiedliche Arten von Thermometern sowie Messeinheiten und Skalen (Celcius) für die Temperaturmessung kennenlernen
- Technische Hilfsmittel wie Mikroskope, Lupen, Vergrößerungsgläser und Trichter sachgerecht einsetzten
- Wärmeerzeugung und Funktionsweise von Heizungen erforschen, Brennstoffe kennenlernen
- sechseckige Grundstruktur von Eiskristallen erforschen
- Unterschiedliche Formen und Größe der Schneeflocken beobachten und vergleichen: Plättchen, Nadeln, filigrane Bäumchen, Säulen entstehen je nach vorherrschender Temperatur
- Grunderfahrungen mit Reibung (je glatter, desto schneller rutsche ich)

Sprache und Kommunikation

- Auseinandersetzung mit Dokumentationsformen und Berichterstattung von Wetter, vor allem Niederschlag, in Zeitschriften, Zeitungen und anderen Medien
- Nachspielen von Medienerfahrungen im Rollenspiel (Wetterbericht)
- Wetterereignisse dokumentieren und protokollieren (Wetterkalender, Wettertagebuch, Wetteraufzeichnungen)
- Spontanes „Schreiben" der Kinder unterstützen und wertschätzen (Kinder schreiben ihre Namen, vergleichen und identifizieren Buchstaben)
- Auseinandersetzung mit Sprache und Zeichen auf einer Metaebene (Piktogramme): Prinzipien von Zeichen und Symbolsprache verstehen, selbst anwenden (eigene Hinweisschilder entwerfen – „Achtung Rutschgefahr!") und als Möglichkeit zur Kommunikation erkennen
- Bildbetrachtung als Impuls für Gespräche
- Wortschatzerweiterung (Wortfamilie „Schnee")

Emotionen und soziale Beziehungen

- Eigene Bedürfnisse zum Ausdruck bringen und Bedürfnisse der anderen wahrnehmen
- Sich einer Gruppe zugehörig fühlen und für sich und andere Verantwortung übernehmen sowie Regeln vereinbaren und einhalten können („Pass auf! Du musst vorsichtig sein, es ist rutschig")
- Selbsteinschätzung und Zutrauen in die eigenen Fähigkeiten stärken („Ich trau mich, ich trau mir das zu, ich kann anderen helfen")
- Lösungswege durch den Austausch unterschiedlicher Erfahrungen und Meinungen finden
- Verschiedene Sichtweisen einnehmen, sich einfühlen können und hilfsbereit sein

Den winterlichen Temperaturen entsprechend wählen Kinder ihre Gartenbekleidung selbstständig aus. Felix hat Schwierigkeiten, sich alleine anzuziehen und bittet um Hilfe. „Ich zieh noch meine Stiefel an und dann komm ich zu dir", antwortet Michael. Gemeinsam sichten sie seine Kleidungsstücke und Michael legt die Reihenfolge des Anziehens fest. „Erst die Schihose!", fordert er Felix auf. Als der Reißverschluss der Jacke klemmt, bitten sie die Pädagogin um Unterstützung. Einzelne Kinder haben ihre Handschuhe vergessen und möchten welche ausborgen. Die Kinder unterstützen sich gegenseitig beim An- und Ausziehen und auch das Verborgen von nicht benötigten Utensilien ist selbstverständlich. Beim Zurückkehren in das Gebäude ist jedes Kind selbst dafür verantwortlich, die nasse Kleidung mit einem eigenen Kleiderbügel (mit dem jeweiligen Namen und Zeichen versehen) auf den Wäscheständer zu hängen. Die Pädagogin beobachtet die Abläufe und unterstützt wenn nötig.

Im Garten befinden sich einige rutschige Schneeflächen. Kinder, die bereits Erfahrungen mit der Fortbewegung auf dem glatten Untergrund gemacht haben, warnen andere, die gerade auf dem Weg in den Garten sind. Die Pädagogin legt fest, dass der Hügel aufgrund der Glätte nur von hinten erklommen werden kann. „Vorne neben der Hügelrutsche ist es zu eisig und gefährlich, da kannst du dich verletzen", wird Nico, der auf den Hügel will, von Loreen gewarnt. David beobachtet das Geschehen und erkennt, dass ein Warnschild hilfreich wäre, um alle Kinder auf die Gefahr hinzuweisen. Er setzt seine Idee um und kurze Zeit später wird das Schild im Garten aufgestellt.

Im Mittagskreis berichten die Kinder von den eisigen Gegebenheiten und den gegenseitigen Hilfestellungen beim Erklimmen des Hügels. „Ohne Loreens Hilfe hätt ich mich nicht auf den Hügel getraut!", sagt Felix. Loreen nickt und sichert ihm auch für den nächsten Tag ihre Unterstützung zu. David gibt die Information weiter, dass er ein Warnschild entworfen hat, um in Erinnerung zu rufen, dass man sich im Garten vorsichtig bewegen muss.

Einige Kinder haben Schneemänner bildnerisch dargestellt. Die Pädagogin bringt die Bilder an den Fenstern im Eingangsbereich an, wobei die Darstellung nach außen gerichtet ist. Hans-Jörg kommt hinzu, beobachtet und meint irritiert: „So kann ich meinen Schneemann jetzt aber nicht sehen, der ist ja verkehrt!" Die Pädagogin reflektiert ihre Art der Präsentation und antwortet ihm: „Du hast Recht! Komm, hängen wir die Bilder gemeinsam um!" Neugierig kommen Kinder hinzu, betrachten und vergleichen die Bilder. Sie diskutieren darüber, welche Materialien verwendet wurden. Die ausgestellten Schneefiguren geben Anlass zu Gesprächen. zwischen Eltern und Kindern. Täglich ist zu beobachten, dass Erwachsene gemeinsam mit den Kindern Einzelheiten entdecken und besprechen.

Ethik und Gesellschaft

- Bildbetrachtung mit der vertieften Auseinandersetzung über schneereiche und schneearme Winter, Bedeutung des Klimaschutzes in diesem Zusammenhang
- Naturphänomene bestaunen und deren Einzigartigkeit erkennen (kein Eiskristall gleicht dem anderen)
- Gespräche mit Senioren über Winter in der Vergangenheit (Fehlen technischer Hilfsmittel zu Schneeräumung und Beheizung, große Schneemengen …)
- Errungenschaften des technischen Fortschritts bewusst machen (moderne Heizmöglichkeiten …)

Die Kinder warten ungeduldig auf den ersten Schnee. Sie überlegen, warum der Schnee ausbleibt: „Es ist zu warm für diese Jahreszeit, sagt meine Mama. Und sie weiß es aus den Nachrichten", berichtet Nico. „Kommt denn gar kein Schnee mehr, weil es bei uns zu warm ist?", fragt ein Kind. „Das kann schon sein, das liegt am Klimawandel, weil alle Abgase in die Luft gehen und die sich dadurch erwärmt", antwortet Henry. „Woher weißt du das?", will die Pädagogin wissen. „Das hab ich schon mal im Fernsehen gesehen", ist die Antwort. Der Gedanke, dass jeder etwas für die Erde tun kann, fesselt die Kinder. Eine Gruppe überlegt, zum Thema Müllvermeidung Plakate zu gestalten und so alle daran zu erinnern, welches Material in welchen Behälter gegeben wird. Die Plakate werden über den Müllstationen angebracht. Selbstständig kontrollieren die Kinder die Behälter und sortieren bei Bedarf nach. Andere achten darauf, dass Kinder sparsam mit den Materialien in der Kreativwerkstatt umgehen und nichts verschwenden. Beim Mittagstisch wird darauf achtgegeben, das Tischtuch sauber zu halten, damit nicht täglich Wäsche gewaschen werden muss. In den Waschräumen benutzen die Kinder die Papierhandtücher mit Bedacht und versuchen, nur wenige zum Trocknen der Hände zu verwenden.

Mit Lupen ausgestattet begeben sich Maxi und Daniel auf Eiskristallsuche. Ausgiebig betrachten sie die „Sterne" unter der Lupe und entdecken immer neue Formen. „Ich weiß gar nicht, welcher Eisstern am schönsten ist", denkt Maxi laut nach und widmet sich gleich wieder einem neuen Exemplar. Die beiden Buben gelangen zur Erkenntnis, dass jeder Stern etwas anders aussieht. Zwei gleiche zu finden, ist ihnen nicht gelungen. Fasziniert von dieser Tatsache berichten sie im Mittagskreis vom neu erworbenen Wissen um die Eiskristalle.

Eine Gruppe von Kindern kommt aufgeregt zur Pädagogin. Sie haben einen Regenwurm in einer Becherlupe. „Die sollten doch tief im Boden sein, um den Winter zu überleben", sorgt sich Camila. Die Pädagogin erklärt, dass Tiere und auch Pflanzen sich an die Wetterverhältnisse anpassen. Trotzdem gräbt Camila ein tiefes Loch im Hochbeet, damit sich der Regenwurm in Winterstarre begeben kann. Täglich kontrolliert sie nun, ob noch andere Lebewesen gerettet werden müssen. Nico entdeckt Knospen auf einem Strauch und erklärt: „Die Pflanzen glauben, es kommt der Frühling!"

Am Tag, als die SeniorInnen zu Besuch kommen, schneit es. Frau Johanna erzählt von den Wintern ihrer Kindheit: „Damals lag so viel Schnee, dass wir zur Tür nicht hinauskonnten. Da gab es keinen Schneepflug und wir mussten zu Fuß zur Schule durch den tiefen Schnee stapfen. An manchen Tagen war nicht einmal das möglich, weil so viel Schnee war. Wir hatten keine Schianzüge und es war viel kälter, draußen und auch im Haus. Im ganzen Haus gab es nur einen kleinen Ofen, um das ganze Haus zu wärmen. Darum hatte jeder eine ganz dicke Decke in seinem Bett." „Was – da ist kein Schneepflug gefahren? War der kaputt?", fragt Nico entsetzt. Nico stellt die Erzählung von Frau Johanna infrage und erkundigt sich bei der Pädagogin, ob Frau Johanna denn die Wahrheit erzählt hat. Die Pädagogin bestätigt, dass es viele Hilfsmittel wie einen Schneepflug oder Zentralheizungen früher nicht gab.

Sprache und Kommunikation

- Auseinandersetzung mit Dokumentationsformen und Berichterstattung von Wetter, vor allem Niederschlag, in Zeitschriften, Zeitungen und anderen Medien
- Nachspielen von Medienerfahrungen im Rollenspiel (Wetterbericht)
- Wetterereignisse dokumentieren und protokollieren (Wetterkalender, Wettertagebuch, Wetteraufzeichnungen)
- Spontanes „Schreiben" der Kinder unterstützen und wertschätzen (Kinder schreiben ihre Namen, vergleichen und identifizieren Buchstaben)
- Auseinandersetzung mit Sprache und Zeichen auf einer Metaebene (Piktogramme): Prinzipien von Zeichen und Symbolsprache verstehen, selbst anwenden (eigene Hinweisschilder entwerfen – „Achtung Rutschgefahr!") und als Möglichkeit zur Kommunikation erkennen
- Bildbetrachtung als Impuls für Gespräche
- Wortschatzerweiterung (Wortfamilie „Schnee")

Die Kinder diskutieren täglich darüber, wann endlich der erste Schnee fallen wird. Sie erzählen einander von den Wetterberichten in den Zeitungen und im Fernsehen. Sie wollen sich eigene Wetterberichte gestalten. Gemeinsam mit der Pädagogin setzt sich eine Gruppe von Kindern intensiv mit den verschiedenen Darstellungsformen von Wetter und Witterung auseinander. Sie vergleichen Ausschnitte aus Zeitungen und recherchieren im Internet.

„Wie kommt denn der Schnee zu uns?", fragen sich einige Kinder. Camila erklärt: „Das ist wie mit dem Regen. Wasser sammelt sich in den Wolken und wenn es kälter ist, schneit es." Tägliche Wetterbeobachtungen werden dokumentiert und in Wettertagebüchern festgehalten. Eine Schachtel wird zum Fernsehgerät umfunktioniert und die täglichen Wettervorhersagen werden im Rollenspiel dargestellt.

Draußen entdecken einzelne Kinder Reif als Schreibgrundlage. Sie zeichnen und schreiben ihre Namen in den kristallinen, beinahe schneeartigen Belag auf dem Klettergerüst, der Rutsche, der Terrasse. Bei der Betrachtung und dem Vergleich der Namen erkennen Kinder Gemeinsamkeiten: „Du hast auch als zweiten Buchstaben ein A", sagt Maxi zu Daniel. „Ja, und ein I haben wir auch gemeinsam", erwidert Daniel.

Eine Gruppe von Kindern entscheidet sich nach einem Rundweg ums Gartenhaus ein Hinweisschild zu gestalten. „Vorsicht eisig!", soll darauf stehen. Die Pädagogin weist die Kinder darauf hin, dass Warnschilder dreieckig mit rotem Rand sind. Sie betrachten verschiedenste Schilder in den Büchern über Verkehr. Nach Nachlese und Abstimmung entsteht eine Dreiecktafel aus Karton mit rotem Rand, auf der ein Mensch zu sehen ist, der gerade ausrutscht. Dieses Warnschild wird an der Gartenhauswand angebracht.

Eine kurze Impulsgeschichte regt die Kinder dazu an, aus einem Winter-Wimmelbild Begriffe zu suchen, die das Wort „Schnee" beinhalten. „Schneeschaufel, Schneepflug, Schneeball, Schneeflocke, Schnee …", sind sofort gefunden. Die Kinder entwickeln daraufhin eigenständig Schneewörter. Jasmin erfindet: „Meine Schijacke trage ich im Schnee, das ist meine Schneejacke!" Die Pädagogin fragt: „Kennt ihr auch Tiere, die mit dem Wort „Schnee" beginnen?" Caitlin antwortet: „Schneehase, der ist ganz weiß." Beim weiteren Spiel mit Worten entstehen sehr kreative Wortkombinationen.

Auch die jüngsten Kinder im Kindergarten betrachten angeregt ein Winter-Wimmelbuch, insbesondere haben sie Freude an den Schneemännern. Die Pädagogin greift ihr Interesse auf und thematisiert das Bauen des Schneemanns. Anlassbezogen stellt sie eine dreiteilige Bildgeschichte vom Schneemann zur Verfügung. Stefan weiß: „Zuerst bau ich drei Kugeln, dann mach ich das Gesicht und dann Hut und Besen." Hannah stimmt Stefan zu: „Ich auch, das passt so." Sie zeichnen sich einen Schneemann und die Pädagogin schreibt die zuvor genannte „Bauanleitung" der Kinder zu den Bildern.

Bewegung und Gesundheit

- Grundverständnis über den Zusammenhang von Hygiene und Gesundheit erwerben: Nicht jedes Eis kann ich essen (Verunreinigungen im Eis)
- Gespür dafür entwickeln, was mir guttut und mich gesund hält; Verantwortung für den eigenen Körper übernehmen (entsprechende Kleidung bei niedrigen Temperaturen)
- Mögliche Gefahrenquellen einschätzen und erkennen (Bewegungen auf Eis), Bewegungsabläufe an die Witterungsverhältnisse anpassen und gefahrenträchtige Aktivitäten abbrechen

Lara-Marie ist die erste, die an dem verschneiten Tag in den Garten gehen möchte. Darum ist es heute ihre Aufgabe, jenes Türschild anzubringen, auf welchem der Witterung entsprechende Kleidungsstücke abgebildet sind. Dieses Schild dient als Orientierungshilfe bei der Auswahl der Gartenbekleidung für die nachkommenden Kinder.

In der Teeküche wird an kalten Wintertagen Kinderpunsch als wärmendes Getränk für die Gartenbesucherinnen zubereitet. Während der Tee zieht, pressen Kinder Orangen und Zitronen aus. „Was bedeutet *ziehen lassen*?" fragt Nina. Die Pädagogin erklärt, dass diverse Inhaltsstoffe des Tees erst nach gewisser Zeit an das heiße Wasser abgegeben werden. Nina kennt den Inhalt der Teebeutel, da sie selbst schon einmal Teebeutel als Weihnachtsgeschenk für ihre Eltern befüllt hat.

Im Bewegungsraum wird gelüftet: Die kalte Luft strömt durch die geöffnete Terrassentüre herein. Die Kinder spüren die Temperaturveränderung und fragen, wie kalt es heute draußen ist. Die Pädagogin holt ein Raumthermometer und legt es ins Freie. Gespannt beobachten die Kinder die Veränderung am Thermometer. Sie dokumentieren die Temperatur und bringen das Thermometer wieder in den Innenraum und vergleichen die Messergebnisse in den unterschiedlichen Räumen. Sie halten in einem Notizbuch die unterschiedlichen Messergebnisse fest. Nina möchte ihre Körpertemperatur messen und klemmt das Raumthermometer unter ihren und

später unter den Arm der Pädagogin. „Du hast 63 Grad", Stellt Nina fest. Die Pädagogin schmunzelt, erklärt unterschiedliche Arten von Thermometern und stellt Nina ein Körperthermometer zur Verfügung, auf dessen digitaler Anzeige sie die Zahlen eindeutig ablesen kann.

Auf der Rutsche im Freien erproben einige Kinder unterschiedliche Gegenstände auf ihre Gleitfähigkeit. Unter Anstrengung schleppen sie Autoreifen, Tellerbobs, Schachteln und Teile von Plastiktischtüchern auf den Hügel. Nun wird ausprobiert, welcher Untersatz sich zum Rutschen am besten eignet. Die Kinder haben offensichtlich Spaß an den Bewegungsabläufen und entwickeln daraus ein Wettspiel, das an den darauffolgenden Tagen in Variationen wiederholt wird. „Wer rutscht mit dem Autoreifen am weitesten, wer ist am schnellsten wieder unten?"

Das Eis lädt die Kinder auch zum Kosten ein. Ausdrücklich wird mit der Pädagogin klargestellt, dass es sich nicht um „Speiseeis" handelt und erklärt, warum und wodurch das Eis im Freien verunreinigt ist. Wieder im Gruppenraum stellt die Pädagogin mit diesen Kinder Eiswürfel mit Fruchtgeschmack her.

Unterschiedliche Kinder tummeln sich täglich von früh bis spät im Garten und genießen die winterlichen Gegebenheiten. Die Bewegungen im Schnee, das Toben, Kugeln, Rollen, das Schaufeln und Fahren mit den Fahrzeugen ist äußerst kraftintensiv. Eine besondere Herausforderung ist das Klettern am verschneiten Klettergerüst sowie das Überwinden von Hindernissen und das gezielte Springen.

Ausgehend von einer Schneeballschlacht mit der Pädagogin und dem gemeinsamen Formen mit Schnee folgt ein von der Pädagogin angeleitetes Bewegungsangebot im Schnee.

Ästhetik und Gestaltung

- Verschiede Schriftzeichen kennenlernen
- Erproben unterschiedlicher Mal- und Zeichentechniken (Wachsabsprengtechnik, Kratztechnik) und als Ausdrucksmöglichkeit nutzen
- Mit verschiedenen Werkzeugen (Fingern, aber auch Hilfsmitteln) Spuren hinterlassen
- Die sinnliche Wahrnehmung der Umwelt (Winterlandschaft, Kälte, Schneefall, Nässe ...) auf unterschiedliche Weise darstellen
- Ausdruckskraft von Farben und deren Wirkung auf Stimmung und Gefühle erleben (kalt – warm)

Die mikroskopische Beobachtung von Eiskristallen inspiriert die Kinder, diese darzustellen. Die Pädagogin erweitert daher die Kreativwerkstatt um zahlreiche Utensilien, die für die Umsetzung kreativer Techniken notwendig sind: Schaber, Kratzwerkzeug (Gabeln, Messer, Nägel, Schrauben ...), Tinte und Tintenkiller, Farben auf Acrylbasis und spezielle Filzmaler (Glitzerstifte). Diese Materialen ergänzen die Grundausstattung bestehend aus Papier und Karton in verschiedensten Farben und Formaten, unterschiedlichen Kreiden, Buntstiften, Filzmalern, Plakatfarben, Glitzersteinen, Watte, Federn, Perlen ... Die Pädagogin erklärt unterschiedliche Mal- und Zeichentechniken, begleitet die Kinder in ihrern Tätigkeiten und unterstützt, wenn notwendig, bei der Umsetzung der einzelnen Techniken. Einige zeichnen ihre Kristalle mit Wachskreide auf Karton, um diese dann mit Wasserfarbe zu überstreichen und so auf buntem Hintergrund erstrahlen zu lassen. Andere bestreichen den Karton mit Tinte und nehmen anschließend mit Tintenkiller Sterne aus.

Valentina, Anja und Tim erinnern sich an die Herstellung der Scherenschnittsterne und entdeckten deren Ähnlichkeit mit den Eiskristallen. Die Kinder entwickeln ihre bereits erworbenen Faltkenntnisse weiter bzw. zeigen anderen, wie diese bestimmte sechsteilige Faltung gemacht werden muss. So entstehen zahlreiche sechszackige Sterne in verschiedensten Farben.

Nico erklärt: „Mein Bild vom Winter muss deshalb weiß sein, weil wenn Schnee ist, ist es kalt." Die Pädagogin nimmt Nicos Feststellung zum Anlass, über die Wirkung von Farben (warme und kalte Farben) zu sprechen. Die zuhörenden Kinder sind begeistert und wollen ein „richtig kaltes Winterbild" gestalten. Die Pädagogin greift das Interesse der Kinder auf und wählt für ein großflächiges Gestalten die Kleistertechnik aus. In einer Wanne wird Kleister angerührt und „kalte" Farben wurden ausgewählt.

Die Kleistertechnik ermöglicht es, weiße Spuren auf der „Winterlandschaft" zu hinterlassen. Die getrockneten Bilder werden betrachtet und einige Werke davon zerschnitten, um daraus neue Winter-Collagen entstehen zu lassen.

Als es endlich schneit, entstehen im Garten sogleich erste Schneeskulpturen. Kinder rollen riesige Schneekugeln und reihen sie aneinander. Die Freude ist groß, als Julia erkennt, dass so eine Raupe erwächst. Tags darauf bedeckt eine dünne Schneedecke die „Raupe". „Aus der Raupe ist ja ein Riesen-Regenwurm geworden!", freuen sich Julia und Angelina.

Mit stark verdünnter Farbe malen Christoph, Marie und Luisa in unberührte Schneeflächen Bilder. Sebastian und Noah zeichnen lieber mit ihren Fingern und stapfen Muster in die Schneedecke. Die Pädagogin regt an, die Schuhabdrücke im Garten zu vergleichen. Eine „Spurensuche" entwickelt sich und schließlich werden die unterschiedlichen Abdrücke fotografiert. Aus den Fotoausdrucken der Stiefel- und Schuhprofile entsteht ein Stiefel-Foto-Memory, das auch Anlass für spannende Detektivspiele ist.

Natur und Technik

- Aggregatszustände des Wassers kennenlernen (Unter welchen Voraussetzungen gefriert Wasser?)
- Warme und kalte Luft im Innenraum und im Freien wahrnehmen (Was spürt man auf der Haut, wenn die Luft kalt/warm ist?)
- Lufttemperatur messen, vergleichen und dokumentieren
- Unterschiedliche Arten von Thermometern sowie Messeinheiten und Skalen (Celcius) für die Temperaturmessung kennenlernen
- Technische Hilfsmittel wie Mikroskope, Lupen, Vergrößerungsgläser und Trichter sachgerecht einsetzten
- Wärmeerzeugung und Funktionsweise von Heizungen erforschen, Brennstoffe kennenlernen
- Sechseckige Grundstruktur von Eiskristallen erforschen
- Unterschiedliche Formen und Größen der Schneeflocken beobachten und vergleichen: Je nach vorherrschender Temperatur entstehen Plättchen, Nadeln, filigrane Bäumchen, Säulen ...
- Grunderfahrungen mit Reibung (Je glatter, desto schneller rutsche ich)

Einige Kinder begeben sich mit der Pädagogin auf Spurensuche in den winterlichen Garten. Eisplatten und mit Eis bedeckte Gegenstände erregen ihre Aufmerksamkeit. Sie vergleichen die Eisplatten und suchen nach der „dicksten". „Schau, was da im Eis ist!", ruft Daniel und zeigt auf eine Eisplatte, in die ein Blatt eingeschlossen ist. Zur genauen Betrachtung holt die Pädagogin Lupen und Mikroskope. Maxi und Daniel untersuchen Eiskristalle mit Lupen.

Die Kinder diskutieren angeregt über das plötzliche Auftreten des Eises. „In der Nacht war es sehr kalt und deshalb gibt es Eis", erklärt die Pädagogin. Neugierig erkunden sie weiter unberührte Flächen und entdecken Eiskristalle auf Blättern, der Rutsche, dem Zaun und sogar auf Grashalmen. „Mein Eiskristall hat sechs Zacken!", stellt Maxi fest. Die Kinder zählen die Zacken und erkennen, dass jeder Eiskristall sechs Zacken hat, auch wenn sie unterschiedlich aussehen. „Ich möchte meinen Kristall mit nach Hause nehmen!", erklärt Loreen. Die Pädagogin überlegt mit Loreen: „Was musst du tun, um Eis zu erhalten?" „Kalt muss es sein!", weiß Nico.

„Machen wir uns doch auch Eis!" Schon ist die Idee für ein neues Experiment geboren.

Eine Gruppe von Kindern holt dafür mit der Pädagogin Becher, Trichter, Eiswürfelformen, Filter, Messbecher und Flaschen als Hilfsmittel für das Experiment. Sie füllen Wasser in Formen und überlegen, wo sie diese Behälter platzieren müssen, damit Eis entsteht. „Hoffentlich ist es kalt genug, damit es friert!", äußert Henry seine Bedenken. Die Pädagogin erklärt, dass es unter 0 Grad haben muss, damit Wasser gefriert. Angeregt vom Blatt, das sie in der Eisplatte entdeckt haben, geben die Kinder Erde, Blätter, Grashalme und letzte Gänseblümchen in das Wasser, um zu beobachten, wie alles gefriert. Am nächsten Morgen führt der erste Weg in den Garten, um die Ergebnisse des Experiments zu kontrollieren.

Eine andere Gruppe von Kindern entdeckt die Gleitfähigkeit von gefrorenem Wasser. „Auf der Rutsche ist es sehr rutschig!", stellt Marc erfreut fest. Sofort erklimmt er den Hügel, um die Rutsche hinunterzusausen. „Wer am weitesten rutscht!", ist die Aufforderung von Marc. Die Auslaufpunkte der einzelnen Kinder markieren sie mit verschiedenfarbigen Verkehrshüten. Julian misst mit seiner Stiefellänge, wer weiter gerutscht ist, und schreibt seine Ergebnisse auf. Ein Wettbewerb entsteht.

Mit Freude und Ausdauer führen die Kinder ein „Temperatur- und Wettertagebuch". Je ein Thermometer im Freien und im Innenraum werden täglich abgelesen und gemeinsam mit dem aktuellen Wetter aufgezeichnet. Dabei stellen die Kinder Unterschiede in der Lufttemperatur fest und fragen, warum es drinnen wärmer ist als draußen. „Im Kindergarten wird geheizt", ist die erklärende Antwort von David. Aber wo ist die Heizung des Kindergartens?

Diese Frage ist Anlass für die Pädagogin, einen Ausflug in das angebaute Heizhaus zu planen und eine Führung mit dem zuständigen Mitarbeiter der Gemeinde abzustimmen und vorzubereiten. Dieser erklärt kindgerecht die Funktion der Heizung mit Hackschnitzel. Die Kinder sind vom riesigen Hackgutlagerraum beeindruckt. Auch zu Hause wird nachgefragt, womit geheizt wird. Unterschiedliche Formen von Heizungen und Heizmaterialien werden besprochen und Sachbücher zum Nachschlagen herangezogen.

Hilf mir, mein Problem zu lösen!

Kompetenzen erlebt der Mensch, wenn er Aufgaben oder Probleme aus eigener Kraft bewältigen kann. Im Bundesländerübergreifenden BildungsRahmenPlan wird unter Kompetenz „... ein Netzwerk von Kenntnissen, Fähigkeiten und Fertigkeiten, Strategien und Routinen" verstanden, „das jeder Mensch zusätzlich zur Lernsituation benötigt, um in unterschiedlichen Situationen handlungsfähig zu sein".

Ausgehend von den Ressourcen jedes einzelnen Kindes erfolgt eine kompetenzorientierte Bildungsarbeit, die an folgendem Beispiel dargestellt wird:

David möchte den Hügel erklimmen, um die Rutsche zu nutzen. Er stellt fest, dass es eisig ist und das Besteigen eine besondere Herausforderung darstellt. Er beobachtet auch andere Kinder, die immer wieder abrutschen. Schließlich legt die Pädagogin fest, dass aufgrund der Glätte der Hügel von der Hinterseite zu besteigen ist.

Immer wieder müssen neu hinzukommende Kinder auf die „Gefahr" und die „neue Regel des Erklimmens" aufmerksam gemacht werden. David erkennt, dass ein „Warnschild" hilfreich wäre, um alle gleichermaßen zu informieren und auf angemessene Fortbewegung hinzuweisen. Er setzt seine Idee um und platziert an geeigneter Stelle im Garten sein „Warnschild".

Ausgehend von seiner eigenen Erfahrung und den Beobachtungen im Zusammenhang mit den eisigen Flächen ist David motiviert, Mitverantwortung für die Gruppe zu tragen. In vielerlei Hinsicht erweitert er seine Sozialkompetenzen: Er versteht es, sich in andere Kinder hineinzuversetzen (Perspektivenübernahme), die ohne Wissen und Erfahrung in den Garten hinzukommen. David kann sich Bilder über die Gefühle des Ärgers, des Schmerzes und der Frustration der anderen Kinder bei Misslingen des Aufstiegs auf den Hügel und Nutzung der rutschigen Gartenfläche machen (Empathie). Er möchte sich aktiv in das Zusammenleben einbringen und übernimmt die Rolle des Verantwortungsträgers (Partizipation und Solidarität). Während des Gestaltens seines Schildes ist seine Kommunikationsfähigkeit gefordert:

David erklärt seinen Freunden das Vorhaben und formuliert, welche wesentlichen Elemente auf dem Schild abgebildet sein müssen. In seinen Gestaltungsprozess vertieft reagiert er auf Störungen, indem er darauf hinweist, wohlüberlegt arbeiten zu müssen, um nichts zu vergessen: „Ich muss mich jetzt konzentrieren, damit ich nicht etwas Wichtiges vergesse! Ich erkläre es dir nachher." Nach Fertigstellung erklärt er Erwachsenen und Kindern Zweck und Inhalt seines Schildes (sozial-kommunikative Kompetenz).

David erlangt vielfältiges Sachwissen: Eis bildet sich bei Temperaturen unter O Grad Celsius und je glatter Schuhsohlen sind, umso wahrscheinlicher stürzt man. David erfährt, dass Neigungen bei Schneeglätte schwer zu erklimmen sind. Er erkennt, dass bei glättebedingten Stürzen das Unfallrisiko steigt. David setzt sich offen und experimentierfreudig mit diesem Problem auseinander: Er probiert das Begehen der eisigen Stellen selbst aus und beobachtet das Verhalten der anderen Kinder. Er hat Kenntnis, dass Menschen vor Gefahren mittels Radioansagen und Hinweisschildern warnen.

Das dabei gewonnene und bereits vorhandene Wissen setzt er sachgerecht, kreativ und sozial verantwortlich für eine Problemlösung ein (divergentes Denken). David erfährt eine Erweiterung seines Wissens: Beim Gestalten seines Warnschilds wählt er die Farbe Blau. Die Pädagogin beobachtet dieses Geschehen und erklärt David anhand eines Sachbuches, das Warnschilder mit einem roten Rahmen eingefasst und Gebotsschilder in Blau gehalten sind (Prinzip der Sachrichtigkeit).

David ist sehr interessiert, versteht diese neuen Informationen, begründet seine Farbwahl jedoch folgendermaßen: „Das Schild ist blau, weil es draußen

kalt ist und Blau eine kalte Farbe ist." Er hat sein Wissen über die Wirkung von Farben in eine neue Situation übertragen. David kann auf seine Sachkompetenzen in der Handhabung und Beschaffung von Werkzeugen und Materialien zurückgreifen und diese ausbauen.

David erfährt eine Stärkung seiner Selbstkompetenz: Sein Selbstwertgefühl wird durch die Bestätigung und Wertschätzung seines Tuns durch die Pädagogin sowie durch das respektvolle Verhalten der anderen Kinder gestärkt. Durch positive und differenzierte Rückmeldung der Pädagogin, den Austausch mit den Kindern und damit verbundenen angenehmen Gefühlen wird zur Entwicklung eines positiven Selbstkonzepts – das Wissen über sich selbst – beigetragen.

David übernimmt Verantwortung, wird in seinem Handeln von der Pädagogin bestärkt und begleitet und erfährt Bestätigung und Anerkennung von den Kindern (Selbstvertrauen und Selbstwirksamkeit erfahren).

Die lernmethodische Kompetenz als Grundlage für lebenslanges selbstgesteuertes Lernen ist in vielerlei Hinsicht angesprochen: David kann auf bereits erworbenes Wissen zurückgreifen und dies in neuen Situationen anwenden, um eine Problemlösung herbeizuführen. Er kann neue Informationen verarbeiten und sich zusätzliche Informationsquellen erschließen. So organisiert sich David ein Verkehrszeichenmemory und sortiert auf Grundlage seines neu erworbenen Wissens nach Ver- und Gebotsschildern. Er reflektiert und korrigiert seine Überlegungen die Farbwahl von Verbotsschildern betreffend.

An den folgenden Tagen entstehen unterschiedliche Schilder, die im Kindergartenalltag hilfreich sind. Im Mittagskreis beschreibt David seine Planungsschritte und Vorgehensweise bei der Erstellung des Warnschildes und trifft eine gelungene Einschätzung der eigenen Leistung.

Reise ins Weltall

Impuls:

Seit dem Schwerpunkt Licht und Schatten besteht ungebrochenes Interesse für Planeten und das Weltall. Immer wieder bringen Kinder Bücher, aber auch DVDs über das Universum mit in den Kindergarten.
Die PädagogInnen greifen dieses Interesse der Kinder für die Planung des nahenden Faschingsfestes auf und beschließen, mit den Kindern eine „Reise zum Faschings-planeten" zu unternehmen.

Reise ins Weltall

Ästhetik/Gestaltung

- Bildnerische und plastisch aufbauende Gestaltung von Planeten, Raumfahrzeugen ... (zweidimensionale und dreidimensionale Arbeiten)
- Ein breites Repertoire an Farben, Materialien und Bearbeitungsverfahren kennenlernen (Herstellen von Raketen, Planeten, Raumstationen ...)
- Sachgerechte Handhabung von Werkzeugen
- Eigene Gestaltungslust, Ausdruckswege und Lösungsmöglichkeiten finden und erleben
- Selbstkompetenzen der Vorstellungskraft, Kreativität und Fantasie weiterentwickeln
- Lieder bildnerisch und gestalterisch umsetzen (Lied „Die Weltraummaus")

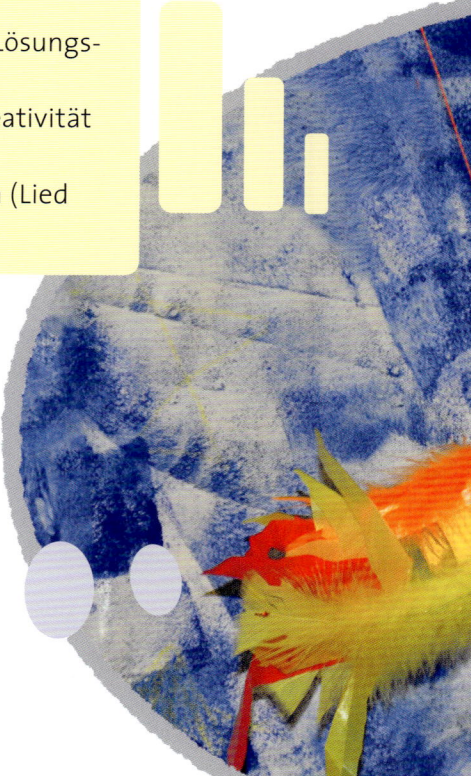

Sprache und Kommunikation

- Entwicklung von Interessen und Kompetenzen rund um Bücher und Schriftkultur (einschlägige Bilderbücher und Lexika, Interesse an Schriftzeichen)
- Freude an Laut- und Wortspielen sowie Reimen – Entwicklung eines differenzierten phonologischen Bewusstseins
- Bedeutung von Schriftzeichen und Lesen als Entschlüsselung von Botschaften erkennen

Emotionen und soziale Beziehungen

- Erkennen, dass andere Menschen in selben Situationen anderes empfinden
- Gefühle mit Worten benennen und beschreiben, darüber sprechen und anderen erzählen können
- Sich in die Situation anderer einfühlen und hilfsbereit sein
- Mit Blick auf ein gemeinsames Ziel zusammenarbeiten: kooperativ sein

Bewegung und Gesundheit

- Lust an Bewegung haben, die eigenen körperlichen Möglichkeiten kennen und motorische Herausforderungen annehmen
- Motorische und koordinative Fähigkeiten und Fertigkeiten erproben und verfeinern (Grob- und Feinmotorik, Kraft, Schnelligkeit, Koordinationsfähigkeiten, Reaktion, Raumorientierung, Gleichgewicht)
- Bewegungserfahrungen sammeln und elementare Bewegungsbedürfnisse befriedigen
- Bewegung als Interaktions- und Kommunikationsform erleben
- Sachgerechter und sicherer Gebrauch von Sportgeräten
- Spezifische Bewegungsangebote

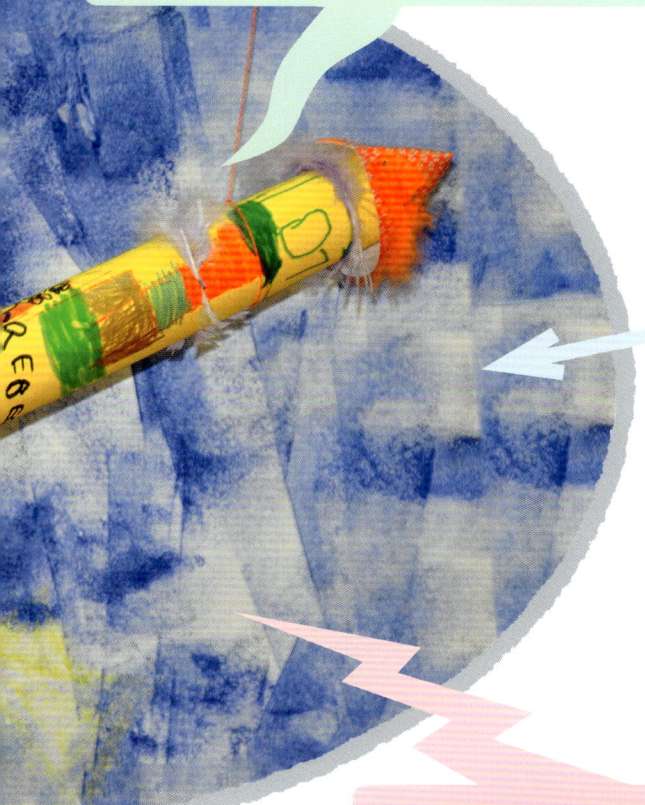

Natur und Technik

- Kennenlernen unseres Sonnensystems – Erde, Planeten, Sonne, Milchstraße, Umlaufbahn
- Die Bedeutung von Veranschaulichungsformen erkennen und wertschätzen (Modelle, Karten ...)
- Auseinandersetzung mit Flugobjekten und den erforderlichen Voraussetzungen für einen Flug ins Weltall
- Physikalische Grundlagen des Starts einer Weltraumrakete modellhaft erfahren (Rückstoß durch ein Experiment veranschaulichen)
- Geometrische Formen – Kreis, Ellipse, Eiform – spielerisch erkunden
- Wirkung von Kräften kennenlernen (Magnetismus – Erdanziehung – Schwerkraft – Schwerelosigkeit)
- Mathematische Gesetzmäßigkeiten im numerischen Bereich (Countdown zählen) anwenden

Ethik und Gesellschaft

- Erste Einsichten in ökologische Zusammenhänge erwerben (Nutz- und Schutzfunktion des Waldes)
- Bedeutung des Klimaschutzes im Zusammenhang mit der Artenvielfalt an Tieren und Pflanzen erkennen
- Verantwortung für die Umwelt übernehmen (Mülltrennung und -vermeidung)
- Zusammenhänge sowie gegenseitige Abhängigkeiten erkennen und eigene Verhaltensweisen anpassen (verändert der Mensch die Umwelt – verändern sich auch die Lebensbedingungen)
- Natürliche Lebensbedingungen und Lebensräume unterschiedlicher Tiere kennenlernen

Emotionen und soziale Beziehungen

- Erkennen, dass andere Menschen in selben Situationen anderes empfinden
- Gefühle mit Worten benennen und beschreiben, darüber sprechen und anderen erzählen können
- Sich in die Situation anderer einfühlen und hilfsbereit sein
- Mit Blick auf ein gemeinsames Ziel zusammenarbeiten: kooperativ sein

Während des Begrüßungskreises wird besprochen, was auf eine Reise in den Weltraum mitzunehmen wäre. Schnell steht fest, dass ein Raumanzug, Wasser und Nahrung notwendig sind. „Mein Kuscheltier brauch ich auch!", antwortet eines der Kinder. „Warum?", fragt die Pädagogin. „Das mag ich gerne und wenn ich es nicht bei mir habe, bin ich traurig", antwortet Tobias. Gemeinsam wird überlegt, wie lange die Reise in den Weltraum dauern würde. „Eine Reise bis zum Mond dauert drei Tage", bringt die Pädagogin ein. Henry rechnet gleich die gesamte Dauer der Reise, also Hin- und Rückflug, aus und stellt fest: „So lange mag ich aber nicht ohne Mama unterwegs sein." Es wird diskutiert, wie lange einzelne Kinder von zu Hause fort waren.

Valentina berichtet, dass sie Heimweh hatte und sehr traurig war. Ein anderes Kind erzählt lachend, dass es lustig bei der Tante war. Aber alle Kinder sind sich einig, dass eine wirkliche Reise zum Mond sehr lange dauert und ein Astronaut sehr einsam sein muss. „Wie fühlt man sich, wenn man einsam ist?", wirft die Pädagogin ein. Gefühle der Trauer, Langeweile und Angst werden thematisiert und mit eigenen Erfahrungen verknüpft. „Als mein Hase krank war und mit mir nicht spielen wollte, da war ich traurig", sagt Nina. „Ich hab in der Bauecke einen Turm gebaut und der ist umgefallen, da war ich zornig", erzählt Luca.

Hans-Jörg kommt nach einer Krankheit wieder in den Kindergarten und sieht die von den Kindern gefertigten Raketen aus Schachteln und Rollen. Neugierig betrachtet er die Werke in der Weltraumausstellung und überlegt, wie auch er eine Rakete herstellen kann. Henry erkennt das Interesse seines Freundes und bietet ihm seine Hilfe für die Fertigung einer Rakete an. Auch David will mithelfen und begleitet die beiden in die Schatzkammer, wo sorgsam Materialen ausgewählt werden. Sie besprechen, wie die Rakete aussehen soll, und Hans-Jörgs Wünsche werden berücksichtigt. Beim Kleben unterstützen sie sich gegenseitig, um die außen liegenden Teile zu fixieren. Hans-Jörg freut sich über die Hilfe seiner Freunde und ist begeistert, als ihm Henry das Fliegen seiner Rakete vorführt.

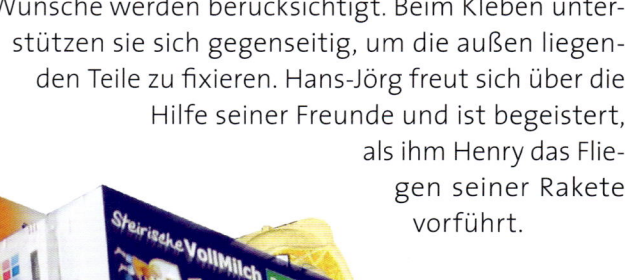

Ethik und Gesellschaft

- Erste Einsichten in ökologische Zusammenhänge erwerben (Nutz- und Schutzfunktion des Waldes)
- Bedeutung des Klimaschutzes im Zusammenhang mit der Artenvielfalt an Tieren und Pflanzen erkennen
- Verantwortung für die Umwelt übernehmen (Mülltrennung und -vermeidung)
- Zusammenhänge sowie gegenseitige Abhängigkeiten erkennen und eigene Verhaltensweisen anpassen (verändert der Mensch die Umwelt – verändern sich auch die Lebensbedingungen)
- Natürliche Lebensbedingungen und Lebensräume unterschiedlicher Tiere kennenlernen

Die Erde, als einziger von Menschen bewohnbarer Planet, ist Gesprächsthema. „Auf der Erde leben Menschen, Tiere, Blumen und Bäume", antwortet Henry. „Alle Tiere sind Lebewesen, auch die Regenwürmer und Fische ... und die Affen und Schlangen im Dschungel." In den Mittelpunkt des Gesprächs rücken Tiere und ihre Lebensräume. „Die Anakonda lebt im Amazonas, das ist ein Regenwald, aber der wird gerade abgeholzt, das hab ich im Fernsehen gesehen", meint ein Kind. Die Kinder wollen wissen, was „abgeholzt" bedeutet. „Gerodet, zerstört, die Bäume werden umgeschnitten oder abgebrannt", erklärt die Pädagogin. „Ach so, die Leute schneiden die Bäume, damit sie was zum Heizen haben!", meint Nico. Es entsteht eine lebhafte Diskussion darüber, warum Wald gerodet wird und was der Wald für Aufgaben hat. Im Atlas wird nachgeschlagen, wo sich Waldgürtel befinden. „Schau, das Gelbe ist eine Wüste, stellt Nico fest. „Und blau ist das Meer, da war ich schon", ergänzt Henry. Von den Gesprächen inspiriert, möchten die Kinder eine Weltkarte gestalten und mit Tieren aller Kontinente bekleben. Die Pädagogin stellt Tierbilder bereit und die Kinder ordnen die einzelnen Tiere den Regionen zu. Auf Karton gestalten sie mit Plakatfarben Wasser, Wüste, Dschungel und Berge. Letztlich kleben sie die Tiersticker auf die riesige Weltkarte.

Immer wieder bietet diese selbst gestaltete Karte Gesprächsanlässe. „Da ist ein Gorilla, der ist vom Aussterben bedroht", stellt ein Kind fest. „Ja, wir müssen die Tiere schützen und dürfen ihre Heimat nicht kaputt machen, sonst sterben sie aus – wie die Dinos." Andreas' Erklärung bezüglich Arten- und Umweltschutz regt einige Kinder zum Nachdenken an. Die Zerstörung des Regenwalds und die Umweltverschmutzung bestimmen das Gespräch der Kinder.

Die Pädagogin versucht das Thema einzugrenzen und lenkt die Aufmerksamkeit der Kinder bewusst auf die Schönheit und Vielfalt der Erde. Eines der Kinder ist von der Thematik so ergriffen, dass er zu Hause mit den Eltern darüber spricht. Die Mutter erzählt der Pädagogin am nächsten Tag davon, wie intensiv sich ihr Kind über Umweltzerstörung und Schutz bedrohter Lebewesen Gedanken gemacht hat.

Einige Kinder begutachten die Weltkarte. Ein Dialog entsteht: „Sind das die Tiere auf der Erde oder von den anderen Planeten?" „Die von der Erde." „Wie schauen die Tiere auf den Planeten aus?" Die Kinder sind ratlos und befragen die Pädagogin. „Bisher ist nicht bekannt, ob es auf anderen Planeten Lebewesen gibt." „Aha – also gibt es keine Tiere auf den andern Planeten. Dann müssen wir auf die Erde gut aufpassen."

Sprache und Kommunikation

- Entwicklung von Interessen und Kompetenzen rund um Bücher und Schriftkultur (einschlägige Bilderbücher und Lexika, Interesse an Schriftzeichen)
- Freude an Laut- und Wortspielen sowie Reimen – Entwicklung eines differenzierten phonologischen Bewusstseins
- Bedeutung von Schriftzeichen und Lesen als Entschlüsselung von Botschaften erkennen

Mit dem Lied „Die Weltraummaus" von Wolfgang Schmitz ist ein neuer „Kindergartenhit" geboren. Im Morgenkreis reimen Pädagogin und Kinder eigene Textpassagen. Neben den Utensilien, die im Lied genannt werden, wie „der Raumanzug – für den Flug", „das Mikrofon – für den Ton", kommen weitere Gebrauchsgegenstände hinzu. Reime wie „das Kuscheltier – bleibt bei mir", „was zum Naschen – kommt in die Taschen", „mein Bett – das find ich nett", „Mama, Papa – bleiben nicht da" werden ergänzt und das Reimen macht den Kindern großen Spaß. Die Pädagogin greift diese Freude an gereimter Sprache auf und regt die Weiterentwicklung durch verschiedenste Sprachspiele an. Einige Kinder entwickeln eigene Kartenspiele: Bilder von Reimwörtern werden gezeichnet und sollen paarweise gefunden werden.

Im Begrüßungskreis erzählt die Pädagogin von einem „Faschingsplaneten", auf dem eine andere Sprache als auf der Erde gesprochen wird. Die Pädagogin setzt sich die Perücke auf und singt in einer „Nonsenssprache" nach der Melodie des bekannten Begrüßungsliedes. Dabei verwandelt die Pädagogin alle Volkale in ein „i" und singt: „Hilli – hilli! Hilli – hilli! Hilli, hilli, ich bin di!" Die Kinder amüsieren sich und lachen. Nun nimmt die Pädagogin die Perücke ab und wiederholt das Lied im „herkömmlichen Text". „Setz die Perücke noch einmal auf, das war so lustig!", fordern die Kinder. Die Pädagogin folgt dem Wunsch und wiederholt das Lied mit den ersetzten Vokalen. „Ich weiß", ruft Felix, „alles i!" Von nun an begleiten die Faschingsperücke und die Faschingssprache die Kinder bis zum Faschingsfest. Auch die Kinder möchten die Faschingsperücke tragen und ebenfalls in Faschingssprache sprechen. „Hilli, ich bin Vilintini", stellt sich Valentina beim Mittagskreis vor.

Der Buchstabe „i" wird sowohl in Block-, Druck- und Schreibschrift als auch als Groß- und Kleinbuchstabe für alle gut sichtbar an der Perücke angebracht. Auch im Wochenplan für diese Woche werden die Vokale durch „i" ersetzt, was für herzliches Gelächter beim Verlesen der Bildungsangebote sorgt.

Anja tippt auf der Schreibmaschine. „Schau, ich schreibe in Faschingssprache!", berichtet sie stolz der Pädagogin. Emsig tippt sie in enormer Geschindigkeit und mit viel Ausdauer Buchstaben auf ihr Papier und verwendet immer wieder den Buchstaben „i" in Groß- und Kleinschrift.

Im Kleingruppenraum wird die dort eingerichtete Bibliothek mit zahlreichen Sach- und Bilderbüchern zum Schwerpunkt „Weltraum, Planeten, Raumfahrt ..." ergänzt. Auch Kinder bringen einschlägige Bücher von zu Hause mit. Immer wieder ziehen sich Kinder in „Raumkapseln" (hierfür wurde der Kasten umfunktioniert und mit Polstern ausgestattet) zurück und verweilen in die Bücher vertieft in den gemütlichen Nischen.

Bewegung und Gesundheit

- Lust an Bewegung haben, die eigenen körperlichen Möglichkeiten kennen und motorische Herausforderungen annehmen
- Motorische und koordinative Fähigkeiten und Fertigkeiten erproben und verfeinern (Grob- und Feinmotorik, Kraft, Schnelligkeit, Koordinationsfähigkeiten, Reaktion, Raumorientierung, Gleichgewicht)
- Bewegungserfahrungen sammeln und elementare Bewegungsbedürfnisse befriedigen
- Bewegung als Interaktions- und Kommunikationsform erleben
- Sachgerechter und sicherer Gebrauch von Sportgeräten
- Spezifische Bewegungsangebote

Angeregt von den Sachinformationen einer DVD über Raumfahrt und Planeten möchte Hans-Jörg eine Rakete bauen. Im Bewegungsraum baut er aus Wesco-Elementen und diversen Rhythmikmaterialien seine Rakete und unternimmt als „Astronaut" einen Ausflug ins Weltall. Einige Kinder beobachten seine Aktivität und möchten mitspielen.

Die anwesende Pädagogin bereitet für die Landung auf einem anderen Planeten eine Straße aus Teppichfliesen und Baumwolltüchern vor. Nach dem gezählten Countdown startet die Rakete und landet auf dem ersten Planeten.

„Wir sind am Merkur gelandet", spielt die Pädagogin mit, „der Merkur ist ganz nah an der Sonne und darum ist es dort sehr heiß!". Behutsam, auf Zehenspitzen bewegen sich alle Kinder über die vorbereitete Straße bis der Flug in der Rakete fortgesetzt wird. Nächster Halt ist auf der „Venus", wo Seile zum Balancieren aufgelegt werden. „Auf der Venus ist es auch noch heiß, die ist auch neben der Sonne", meint Andreas und schlägt vor, wieder auf Zehenspitzen zu gehen. Auf der Erde wird „Wasser-Feuer-Erde-Sturm" gespielt. Diese Reise auf verschiedene Planeten wird nun bis zum Mittagskreis weitergeführt. Aus der Idee von Hans-Jörg entstehen in den folgenden Tagen geführte Bewegungseinheiten, in welchen unterschiedliche Materialien eingesetzt werden und sich vielfältige Bewegungsmöglichkeiten entwickeln.

Die Reise zu den Planeten wird auch von den Kindern selbstständig weitergeführt und ausgebaut. Das Angebot wird von immer wieder wechselnden Kindern in individueller Dauer und Intensität aufgenommen. Es entsteht ein Wechsel von Materialien, Bewegungsabläufen und Schwierigkeitsgraden. Die Pädagogin begleitet diese Prozesse zurückhaltend, beobachtet und dokumentiert die Selbstbildungsprozesse der Kinder.

Noch Wochen später bauen Kinder auch im Garten einen Parcours. Sie schleppen Autoreifen, legen Seile und stellen Verkehrshütchen auf, sperren einen Teil vom Klettergerüst und legen Rutschbobs und große Schachteln auf die Hügelrutsche. Die Pädagogin beobachtet das Geschehen und fragt: „Wofür braucht ihr diese Dinge?" – „Wir machen eine Reise zu den Planeten", erklären die Kinder. Das Spiel im Garten ist wiederum gekennzeichnet vom Variantenreichtum und den kreativen Lösungswegen der Kinder.

Ästhetik
und Gestaltung

- Bildnerische und plastisch aufbauende Gestaltung von Planeten, Raumfahrzeugen ... (zweidimensionale und dreidimensionale Arbeiten)
- Ein breites Repertoire an Farben, Materialien und Bearbeitungsverfahren kennenlernen (Herstellen von Raketen, Planeten, Raumstationen ...)
- Sachgerechte Handhabung von Werkzeugen
- Eigene Gestaltungslust, Ausdruckswege und Lösungsmöglichkeiten finden und erleben
- Selbstkompetenzen der Vorstellungskraft, Kreativität und Fantasie weiterentwickeln
- Lieder bildnerisch und gestalterisch umsetzen (Lied „Die Weltraummaus")

Im Vorraum hängt nach wie vor die von den Kindern im November hergestellte, kaschierte und bemalte Sonne. Nun sollen auch Planeten hinzukommen. Um Größenverhältnisse und Farben der Planeten sachrichtig darstellen zu können, wird eifrig im Internet recherchiert und in Lexika nachgeblättert. Angeregt von den Bildern steht für die Kinder bald fest, alle Planeten unseres Sonnensystems gestalten zu wollen. Aufbauend auf die Erfahrungen in der Herstellung der Sonne werden die erforderlichen Materialien bereitgestellt. Eine möglichst realistische Darstellung der Größenverhältnisse erfordert die Suche nach unterschiedlich großen aufblasbaren Gegenständen als

Formgrundlage zum Kaschieren. Das Ziel, das gesamte Planetensystem „in den Kindergarten zu holen", motiviert die Kinder über Tage mit Ausdauer und Begeisterung, das umfangreiche Vorhaben zu vollenden.

Im Papierkorb findet Sarah abgeschnittene schwarze Papierreste mehrerer Kopien. Inspiriert von Bildern der Milchstraße findet sie in diesen Papierresten einen idealen Hintergrund, um eine Milchstraße zu gestalten. Sie streicht das „Abfallprodukt" mit Kleber ein und streut Glitzer darüber. Kinder, die Sarah beobachten, schließen sich sogleich an, und so entstehen zahlreiche „Milchstraßenbilder".

Die Pädagogin erarbeitet mit den Kindern das Lied „Die Weltraummaus". Loreen und Henry planen, diese Maus, Planeten und ein Raumschiff aus Knetmasse zu modellieren. Sie setzen ihr Vorhaben gemeinsam um und bemalen nach einer Trocknungszeit der Knetmasse ihre Plastiken mit Acrylfarbe.

Raumstationen und Raketen aus Verpackungsmaterialien (saubere Getränkekartons, PET-Flaschen, Schachteln, Papierrollen) entstehen. Die Pädagogin verbindet nach den Vorstellungen und Anweisungen der Kinder die einzelnen Teile mit Heißkleber. Mit allen anderen Arten von Klebstoffen (Klebeband, Kleber, Malerkrepp ...) arbeiten die Kinder selbstständig. Die Raumstationen, Raketen und Raumfahrzeuge werden bemalt und im Foyer ausgestellt bzw. aufgehängt. Mit jedem Tag wächst die „Weltraumsammlung", die immer wieder zum Bespielen mit Figuren (teilweise selbst modelliert) einlädt.

Großformatiges Papier und Filzstifte in unterschiedlichen Stärken stehen zur Verfügung, um Bilder der Erde bzw. des Sonnensystems großzügig zu malen. Die Erläuterungen der Kinder zu ihren Bildern werden von der Pädagogin niedergeschrieben und zusammen mit den Bildern im Eingangsbereich präsentiert.

Tobias will ein Astronaut sein. Dafür benötigt er einen Raumanzug. Im Baubereich findet er große Rollen aus Karton, wovon er jeweils zwei auf Beine und Arme gibt.

„Einen Helm brauch ich auch!", stellt er fest. Die Pädagogin macht sich gemeinsam mit Tobias in der „Schatzkammer" auf die Suche nach einem geeigneten Gegenstand. Sie finden einen eckigen Behälter, den die Pädagogin zurechtschneidet, und den Tobias mit Alufolie überzieht. „So, jetzt ist es richtig – ich bin jetzt ein Astronaut."

Natur und Technik

- Kennenlernen unseres Sonnensystems – Erde, Planeten, Sonne, Milchstraße, Umlaufbahn
- Die Bedeutung von Veranschaulichungsformen erkennen und wertschätzen (Modelle, Karten …)
- Auseinandersetzung mit Flugobjekten und den erforderlichen Voraussetzungen für einen Flug ins Weltall
- Physikalische Grundlagen des Starts einer Weltraumrakete modellhaft erfahren (Rückstoß durch ein Experiment veranschaulichen)
- Geometrische Formen – Kreis, Ellipse, Eiform – spielerisch erkunden
- Wirkung von Kräften kennenlernen (Magnetismus – Erdanziehung – Schwerkraft – Schwerelosigkeit)
- Mathematische Gesetzmäßigkeiten im numerischen Bereich (Countdown zählen) anwenden

Die Kinder wollen von der Pädagogin wissen, wie es „da oben im Weltraum' aussieht. Die Pädagogin erzählt, dass erst wenige Menschen im Weltraum waren. Gemeinsam recherchieren sie im Internet und erfahren, dass das erste Lebewesen im Weltraum ein russischer Hund namens „Laika" war. Die Kinder sind überrascht. „Warum haben die einen Hund in den Weltraum geschickt?", will Xaver wissen. Die Pädagogin weist darauf hin, dass beim Flug in das Weltall viele Kräfte auf den menschlichen Körper einwirken.

„Ich habe auch Kraft, spür mal meine Muskeln!", fordert Nico auf. Die Pädagogin versucht, anhand der Drehscheiben im Bewegungsraum die Fliehkraft zu erklären. Die Kinder probieren das Drehen um die eigene Achse auf den Drehscheiben.

Beim Anschauen einer DVD über den Weltraum stellt Andreas fest: „Die Erde dreht sich ja auch um sich selbst, aber da wird mir nicht schwindelig. Warum ist das so?" Dieser interessanten Frage wird nachgegangen und wiederum werden physikalische Gesetze (Gravitationsgesetz) kindgerecht erklärt.

Aus dem Gespräch ergibt sich ein Größenvergleich der Erde zu anderen Planeten im Sonnensystem. In einem Lexikon findet sich eine Übersicht aller Planeten unseres Sonnensystems. Die Kinder vergleichen Größe, Farben, Gestalt und zählen die Anzahl der jeweiligen Monde. „Die Sonne ist gar kein Planet – die Sonne ist die Sonne!", stellt Andreas erstaunt fest. Die Betrachtung der hüpfenden Fortbewegung der Astronauten am Mond wirft weitere Fragen auf und fordert die Pädagogin, weitere einschlägige Experimentiermöglichkeiten für die Kinder bereitzustellen. Der vorhandene „Magnetkoffer" wird als erster Schritt zum Experimentieren bereitgestellt.

In der Kreativwerkstatt werden Schnüre ausgehend von der zweiten Ebene quer durch den Raum hinunter bis zu einem Raumteiler gespannt. Die Kinder können ihre selbst entworfenen Flugobjekte mit einem Karabiner einhängen und dann hinuntersausenlassen. „Aber echte Raketen fliegen ja von unten nach oben!", meint Valentina. Die Pädagogin gibt ihr recht und führt mit ihr ein Experiment durch: Ein gefaltetes Papierstück stellt die Rakete dar, es wird auf eine Schnur gelegt und der aufgeblasene Luftballon mit Klebeband darunter fixiert. Nach Zählen des Countdowns befördert die entweichende Luft des Ballons die Rakete blitzschnell nach oben. Mit diesem Experiment zeigt die Pädagogin sehr anschaulich das Rückstoßprinzip: Die Rakete auf dem Luftballon gleitet in die entgegengesetzte Richtung der ausströmenden Luft. Diese Gegenbewegung, die den Ballon antreibt, nennt man Rückstoß. Valentina ist begeistert: „Ein echter Raketenstart!", und teilt ihr neu erworbenes Wissen mit anderen Kindern.

Ausgehend von der Erdkugel und deren elliptischenr ‚Umlaufbahn entdecken Kinder diese geometrischen Formen als gestalterische Elemente.

Das Rückstoßprinzip

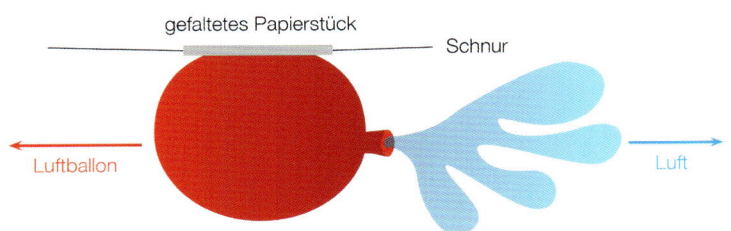

gefaltetes Papierstück

Schnur

Luftballon

Luft

Elternbildungspartnerschaft

Ein Reisepass für die Reise zum Faschingsplaneten

Der Höhepunkt der Faschingszeit ist eine „Reise auf den Faschingsplaneten". Vorerst werden grundsätzliche Überlegungen für die Reiseplanung angestellt, wobei diverse Utensilien aufgezählt werden. Maxi weiß, dass ein Reisepass notwendig ist.

Im Team wird der Festablauf besprochen und Aufgaben werden verteilt. Auch die Inhalte des Reisepasses werden festgelegt: Die Vorderseite enthält „persönliche Angaben", die Rückseite einen Überblick über die acht Spielstationen. Die individuelle Ausgestaltung des „Reisedokuments" übernimmt jedes Kind selbstständig. Für ein entsprechendes Foto im Pass verkleiden sie sich nach eigenen Vorstellungen, die Fotoausdrucke werden den Kindern zur Weiterverarbeitung zur Verfügung gestellt. Die Kinder beschriften den Reisepass in der „herkömmlichen" Sprache und auch in ihrer „Faschingssprache".

Am Tag des Faschingsfestes begibt sich jedes Kind mit seinem Pass auf die Reise: In kleinen Reisegruppen, die mit Reisetaschen ausgestattet werden, findet eine Erkundungstour quer durch den Kindergarten statt.

In acht verschiedenen Spielstationen gilt es, Aufgaben zu bewältigen, um einen Eintrag in den Reisepass zu erlangen. Gegen Ende des Festes begeben sich die Kinder zum „Souvenirladen", der auf Einladung der Pädagoginnen von den Eltern selbstständig ausgestattet wurde. Jedes Kind wählt dort ein „Souvenir" als Andenken an das Fest aus.

Im Sinne der Bildungspartnerschaft und Transparenz sind Eltern stets eingeladen, sich einzubringen, teilzunehmen und aktiv mitzugestalten.

Regen, Pfützen, Wasserspaß

Impuls:

Regnerische Tage sind den Kindern eine willkommene Abwechslung. Eine Grundausstattung bestehend aus Regenmänteln und -hosen, Gummistiefeln und Regenschirmen ermöglichen das Spiel im Garten und laden zu Regenspaziergängen in den nahe gelegenen Wald ein.

Regen, Pfützen, Wasserspaß

Ästhetik/Gestaltung

- Mit Wasser Musik erzeugen
  – Wasserxylophon
- Sinnliche Erfahrungen mit Wasser
  (Wie fühlt/hört es sich an, wie sieht es aus,
  wie schmeckt und riecht es?)
- Welche Farbe hat Wasser? Auseinander-
  setzung mit der Farbe Blau
- Schiffe falten und schwimmen lassen

Sprache und Kommunikation

- Begriffsbildung: Beschreibungen und Worte rund
  um das Regenwetter finden
- Philosophieren mit Kindern („Wie viel Wasser
  trinken Blumen?")
- Erlebnisse mit anderen teilen und gemeinsame
  Denkprozesse anregen („Was meinst du?")
- Überliefertes Spruchgut, Bauernregeln („Hat der
  April mehr Regen als Sonnenschein, so wirds im Juni
  trocken sein") kennenlernen
- Lieder und Gedichte zum Schwerpunkt Regen
  und Wasser
- Bilderbücher und Lexika zum Thema Regen und
  Wasserkreislauf

Ethik und Gesellschaft

- Wasser als zentrale Voraussetzung für Leben
  wertschätzen
- Denken und Handeln im Sinne der Nachhaltigkeit, selbstständiges Praktizieren von sparsamem Wasserverbrauch
- Organisation der Wasserversorgung in der
  Gemeinde

Bewegung und Gesundheit

- Im Regen und in Pfützen tanzen, laufen, hüpfen ...
- Wasser als Lebenselixier erkennen: als Voraussetzung für Leben, Gesundheit und Hygiene
- Freude an Bewegung in der frischer Luft erleben
- Den Wald als Entdeckungs- und Bewegungsraum erfahren
- Gefahrenquellen erkennen und berücksichtigen (bestimmte Spielgeräte bei Regen nicht verwenden)

Natur und Technik

- Messen und vergleichen (Schüttspiele)
- Eigenschaften von Wasser durch Untersuchungen und Experimente erfahren (Löslichkeit, Mischbarkeit, Aggregatszustände, Schwimmen – Sinken, Oberflächenspannung)
- Warum schillern Seifenblasen? – Einblicke in physikalische Gesetzmäßigkeiten gewinnen
- Den Wasserkreislauf kennenlernen
- Experimente mit wasserlöslichen Farben

Emotionen und soziale Beziehungen

- Einen positiven und emotionalen Bezug zur Natur aufbauen und mit eigenem Verhalten zum schonenden Umgang mit Ressourcen beitragen
- Empathiefähigkeit erweitern, Bedürfnisse und Gefühle anderer wahrnehmen („In meinem Stiefel ist Wasser") und unterschiedliche Reaktionen darauf erleben
- Regeln aushandeln und eigene Grenzen aufzeigen (erwünschter und unerwünschter Körperkontakt beim Fußbad)

Emotionen und soziale Beziehungen

- Einen positiven und emotionalen Bezug zur Natur aufbauen und mit eigenem Verhalten zum schonenden Umgang mit Ressourcen beitragen
- Empathiefähigkeit erweitern, Bedürfnisse und Gefühle anderer wahrnehmen („In meinem Stiefel ist Wasser") und unterschiedliche Reaktionen darauf erleben
- Regeln aushandeln und eigene Grenzen aufzeigen (erwünschter und unerwünschter Körperkontakt beim Fußbad)

Beim Spaziergang im Regen entdeckt Nico eine geeignete Pfütze zum Hineinspringen. „Ich spring jetzt da rein und spritz euch nass!", ruft er voll Vorfreude und begibt sich in absprungbereite Körperhaltung. Hannah, die neben der Lacke steht, kreischt: „Nein! Hör auf! Ich mag das nicht!" Nico erstarrt augenblicklich in seiner Bewegung und fordert Hannah auf, entsprechend Abstand zu nehmen. Erst als Hannah spritzwassergeschützt steht, springt er in die Wasserpfütze und lacht laut. „Jetzt ich!", freut sich David. Auch die Pädagogin springt in die Pfütze und ruft den Kindern zu: „Ich habe am meisten gespritzt!" Die Pfützenspringer haben mit der Pädagogin großen Spaß. Hannah und Nina betrachten die Situation aus gesicherter Entfernung und lachen mit.

Nach diesem Erlebnis stellt Nico fest, dass Wasser in seine Gummistiefel eingedrungen ist. „Oje, du Armer, das ist sicher kalt", bedauert Nina ihn. „Aber weißt, ich habe auch ein bisschen Regen in meinem Stiefel", versucht sie ihn zu trösten. Nico hat eine Idee und fragt die Pädagogin, ob die kalten Füße im Kindergarten ein Fußbad bekommen könnten.

Im Wald entdeckt Hanna eine Weinbergschnecke. Sie gibt allen Bescheid, auf sie achtzugeben und nicht daraufzutreten. Die Kinder bleiben um die Schnecke herum stehen und beobachten ihre Fortbewegung. „Die ist ganz schön langsam.", stellt Hannah fest. „Zum Glück hat sie ihr Haus dabei, da kann sie hinein gehen wenn es ihr zu kalt ist", ergänzt David. Die Kinder stellen fest, dass sie selbst die passende Regenkleidung tragen und es nicht zu kalt zum Spazieren ist. „Aber im Sommer, wenn es ganz heiß ist, da geh ich nur mit der Badehose in den Regen hinaus."

Camila steckt mit einem Gummistiefel in der schlammigen Erde fest. Sie ruft um Hilfe. Zuerst lachen die andern, Camila lacht mit. „Ich stecke fest", erklärt sie kichernd. Hannah eilt als erste helfend zu ihr und reicht ihr die Hände. „Ich halte dich fest, damit du nicht umfällst." Dankbar nimmt sie die Hilfe an und steht auf einem Bein, während Nico den Stiefel aus dem Schlamm zieht. „Geschafft!", ruft er und ist Camila beim Anziehen des Gummistiefels behilflich.

Nach dem Spaziergang wechseln die Kinder nasse Kleidungsstücke und hängen sie zum Trocken auf. Die Regenjacken und -hosen hängt jedes Kind auf den dafür vorgesehenen Kleiderhaken. Wer möchte, kann zum Aufwärmen ein Fußbad nehmen. Warmes Wasser wird in Wannen gegeben. Einige Kinder möchten ein gemeinsames Fußbad nehmen. Nina bestimmt: „Ich will mit Hannah die Wanne teilen und reservier für sie einen Platz neben mir." Als Hannah endlich hinzukommt, zeigt Nina ihr den vorgesehenen Platz: „Ich habe für dich frei gehalten. Kommst du zu mir?" Hannah nimmt die Einladung gerne an. Maria und Lara-Marie möchten sich eine Wanne mit Nico teilen. Er ist skeptisch: „Ich mag aber nicht, wenn ihr mit euren Füssen bei mir anstoßt." Die Mädchen sichern ihm zu, nicht anzustoßen. Allerdings dauert es nicht lange und Nico beschwert sich. „Aufhören, ihr habt es versprochen! Ich mag eure Füße nicht spüren." Die Mädchen kichern und ziehen die Füße zurück. Aber bereits nach kurzer Zeit, stupsen sie ihn

wieder an. Nico hat nun genug und beendet das Fußbad.

Lukas lauscht den abenteuerlichen Erzählungen und beeindruckenden Naturbeobachtungen vom Regenspaziergang der Kinder. Sie berichten unter anderem, dass der Regen den Wald und die Straße wieder richtig sauber gewaschen hat. Die Blätter der Bäume glänzen richtig und die Blumen haben wieder genug Wasser zum Wachsen und Blühen. Lukas bedauert, nicht teilgenommen zu haben. „Ich wäre auch gern in die Pfütze gesprungen", meint er traurig. Nico zeigt wenig Verständnis und erinnert Lukas daran, dass er selbst nicht mitgehen wollte. „Wir haben dich ja gefragt", sagt er zu ihm. Lukas reagiert trotzig auf diese Wahrheit und kündigt an, am Nachmittag mit seiner Mama zum Pfützenspringen zu gehen.

Camila führt Farbexperimente im Garten durch. Auf Kartonstücke malt sie in verschiedenen Farbarten Kreise und legt sie vorerst zum Trocknen auf Gartenbänke. Es wird bald regnen und Camila möchte die Farbfestigkeit kontrollieren. Mit dem nahenden Regen kommt Wind auf und bläst einzelne Kartonstücke von der Bank auf die Wiese. Während Camila eines aufhebt, fällt ein weiteres zu Boden. Phillip und Nico eilen ihr zur Hilfe. Henry holt Steine und beschwert die Kartonstücke. „So, gemeinsam waren wir schnell genug", stellt er fest. Die Kinder stellen sich um die auf den Bänken beschwerten

Bilder und betrachten Camilas Werke. Sie bedankt sich bei den Buben: „Das war sehr nett von euch. Zum Glück habt ihr mein Experiment gerettet!".

Beim Händewaschen erinnern sich die Kinder gegenseitig daran, während des Einseifens den Wasserhahn zuzudrehen, um das kostbare Gut nicht zu verschwenden. Immer wieder erklären die Kinder einander, dass es nicht überall auf der Welt genug Wasser gibt und alle Menschen sparsam mit Wasser umgehen sollen.

Ethik und Gesellschaft

- Wasser als zentrale Voraussetzung für Leben wertschätzen
- Denken und Handeln im Sinne der Nachhaltigkeit, selbstständiges Praktizieren von sparsamem Wasserverbrauch
- Organisation der Wasserversorgung in der Gemeinde

Die Kinder bleiben während des Spaziergangs vor einer riesigen Pfütze stehen. Nico springt in die Pfütze und ist begeistert, wie hoch das Regenwasser spritzt. Nina hebt einen Stock auf und zieht damit Kreise im Wasser. Hannah betrachtet das Wasser und stellt fest: „Die Regenwürmer haben hier ganz viel zu trinken." Ein Gespräch über Tiere, die diese „Wasserstelle" zum

Trinken oder Baden nutzen könnten, entsteht. „Meine Mama hat gesagt, dass Menschen das Regenwasser nicht trinken dürfen. Das ist nämlich schmutzig." Die anderen nicken und bestätigen, dass man sogar sehen kann, wie schmutzig das Wasser in der Pfütze ist. Die Pädagogin hat das Gespräch verfolgt und ergänzt, dass sauberes Süßwasser die Voraussetzung für das Leben der Menschen ist. Nicht auf allen Teilen der Erde gibt es genug sauberes Wasser, daher ist ein sparsamer und sorgsamer Umgang notwendig. „Ja, Süßwasser brauchen wir. Weil das Wasser im Meer ist viel zu salzig zum Trinken!", weiß Nina. „Aber die Pflanzen brauchen Regenwasser oder Süßwasser, und kein Salzwasser", berichtet Nico und erzählt von der Regentonne zu Hause, in der Wasser zum Gießen gesammelt wird. Hannah erinnert sich: „Wir haben schon einmal vergessen, eine Pflanze zu gießen. Die war dann braun und kaputt."

Wieder im Kindergarten angekommen haben die Kinder Durst. Beim Eingießen von Wasser in die

Verfügung gestellt und besprochen. Gemeinsam befestigen sie die Plakate in unmittelbarer Nähe des Jausenbuffets. Immer wieder halten Kinder inne, um sich den Kreislauf des Wassers anzusehen und sich gegenseitig zu erklären.

Beim Regenspaziergang entdecken die Kinder einen Wasserlauf, der den Waldweg hinabrinnt. Aufgeregt verfolgen sie das Wasser und gelangen schließlich zu einem Kanalgitter, in welchem das Regenwasser verschwindet. Daniel weiß, wohin das Wasser fließt: „Das rinnt durch Kanalrohre unter der Gemeinde durch bis zum Abwasserverband." Die Pädagogin und die anderen Kinder sind von Daniels Wissen beeindruckt. „Das weiß ich, weil mein Papa dort arbeitet.", erklärt er. Die Pädagogin bittet Daniel nachzufragen, ob es Bilder von der Kläranlage für den Kindergarten gibt. Daniels Papa bringt den Kindern Bilder und Broschüren zum Thema Wasser und Abwasser. Die Funktion einer Kläranlage ist für die meisten Kinder neu und erstaunlich. Auch die Wasserversorgung und die nicht sichtbaren Rohrleitungen wecken das Interesse der Kinder und laden zum Bau einer Stadt mit Rohrleitungssystemen ein.

Trinkgläser flammt das Gespräch um Süßwasser wieder auf. „Mein Mund war schon ganz ausgetrocknet", stellt Camila fest. „Ich bin auch schon fast verdurstet", will David sie übertreffen. Die Pädagogin bringt sich in das Gespräch ein und erklärt, dass jeder Mensch ein bis zwei Liter Wasser am Tag trinkt und zeigt anhand des Wasserkruges, wie viel ein Liter ist. Gemeinsam überlegen sie, wofür Wasser noch benötigt wird. „Waschen, gießen, putzen ... und trinken." Die Pädagogin regt die Kinder an, sich zu notieren, wofür sie im Lauf eines Tages Wasser benötigen und wie viele Gläser Wasser sie trinken. Die Kinder diskutieren, worin Wasser enthalten ist. Henry ist überrascht: „In der Suppe ist auch Wasser? Das kann ich gar nicht glauben." „Und beim Zähne putzen braucht man auch Wasser!", sagt Alexander. Henry, Camila und Nico bereiten ein Blatt für ihre „Wasserdokumentation" vor und vergleichen am Ende des Tages ihre Ergebnisse. „Sogar das Wasser fürs Klo hab ich aufgezeichnet", erklärt Nico.

Beim Abwaschen der Teller und Gläser erinnern sich die Kinder gegenseitig daran, das Wasser sparsam zu verwenden. Auch beim Händewaschen achten sie darauf, den Wasserhahn während des Einseifens zuzudrehen. Lara-Marie erklärt: „Wir müssen Wasser sparen. Wenn es nämlich lange nicht regnet, gibt es zu wenig Wasser." Hannah kennt Teile der Welt, wo es kaum regnet: „In der Wüste regnet es nie, da gibt es kein Trinkwasser. Deshalb wohnen da auch keine Menschen. Nur die Kamele können ganz lange ohne zu trinken auskommen." Die Pädagogin verfolgt das Gespräch und fragt die Kinder, ob sie wissen, woher unser Trinkwasser kommt. Bildmaterial, das den Wasserkreislauf darstellt, wird zur

Auf dem Weg entdecken die Kinder auch Lebewesen, die sich auf den Blättern und der feuchten Erde aufhalten. Respektvoll und achtsam begutachten sie die Schnecken und Würmer. „Ich glaube, die genießen den Regen", überlegt David. Nina findet Regenwetter ebenfalls schön: „Ich mag den Regen auch gern, weil wenn man Glück hat, sieht man einen Regenbogen."

Sprache und Kommunikation

- Begriffsbildung: Beschreibungen und Worte rund um das Regenwetter finden
- Philosophieren mit Kindern („Wie viel Wasser trinken Blumen?")
- Erlebnisse mit anderen teilen und gemeinsame Denkprozesse anregen („Was meinst du?")
- Überliefertes Spruchgut, Bauernregeln („Hat der April mehr Regen als Sonnenschein, so wirds im Juni trocken sein") kennenlernen
- Lieder und Gedichte zum Schwerpunkt Regen und Wasser
- Bilderbücher und Lexika zum Thema Regen und Wasserkreislauf

Der Regenspaziergang ist ein aufregendes Erlebnis. Nina erzählt aufgeregt: „Heute hat es geschüttet!" „Ja, es hat richtig gewaschelt!", bestätigt Julian. Die Pädagogin bringt sich in das Gespräch ein: „Das war ein Platzregen. Die Tropfen hat man fest auf der Haut gespürt, aber dann hat es nur mehr genieselt." Unterschiedliche Bezeichnungen für die Formen des Regens werden aufgezählt. Begriffe wie nieseln, tröpfeln, schütten, gießen, Starkregen, Sprühregen, Hagelregen werden gefunden. Mit den Fingern und Händen werden Regengeräusche imitiert und ein Sommergewitter wird gespielt. Die Pädagogin singt spontan ein Regenlied, das Kindern bereits bekannt ist, und diese stimmen gleich ein. In den folgenden Tagen und Wochen beschäftigen sich die Kinder intensiv mit Liedern über Wasser und Regen. Auch Redewendungen amüsieren die Kinder: „Es regnet Schusterbuben", hat die Oma gesagt. Die Pädagogin kennt noch mehr Redewendungen und Wetterregeln. Aus einem „Bauernkalender" liest sie den Kindern vor: „Bei rotem Mond und hellen Sterne, sind Gewitter gar nicht ferne." Die Kinder finden Gefallen an der gereimten Sprache und wollen immer neue Weisheiten hören.

Hanna berichtet vom Regenspaziergang im Wald: „Ich habe eine Schnecke gesehen, die habe ich sofort abgemessen." „Wie groß war sie denn?", will eines der Kinder wissen. „Die war länger als fünf Zentimeter", gibt Hanna an und zeigt mit ihren Fingern die Größe der Schnecke. Nico hat auch etwas zu erzählen: „In meinem Stiefel war Wasser. Das war echt eiskalt!" Lukas fragt nach: „Hat der Stiefel ein Loch?" Nico lacht und erklärt, dass er in die Pfütze gesprungen ist. „Das hat meterhoch gespritzt!", erzählt er begeistert. Lukas beneidet Nico: „Cool! Schade, dass ich nicht mitgegangen bin." Er will wissen, wie tief die Pfütze war. „Meinst du, bei mir spritzt das Wasser auch so hoch, wenn ich reinhüpfe?" Unter den beiden Buben entsteht ein angeregtes Gespräch über das Springen in und über Wasserpfützen. Auch das Durchqueren mit Fahrzeugen wird thematisiert.

Die Pädagogin bereitet Bilderbücher und Sachbücher zum Thema Wetter, Wasserkreislauf und Wasser vor. Sie erzählt den Kindern Geschichten über Reisen des Regentropfens, führt Sachgespräche über den Wasserkreislauf und die Wiederaufbereitung von Wasser und bringt passendes Spruchgut in den Kindergartenalltag ein.

Es regnet in Strömen. Nina hat beobachtet, dass im Hochbeet Wasser steht. „Hoffentlich ertrinken die Ringelblumen nicht!", sorgt sie sich. Ihre Freundinnen sind betroffen. „So viel Wasser können die sicher nicht trinken!", bestätigen sie ihre Sorge. Die Pädagogin setzt sich mit den Mädchen zusammen und lädt zum Gedankenexperiment ein: „Was wäre, wenn es gar nicht mehr aufhört zu regnen?" Die Pädagogin ermutigt sie nachzudenken, ihre Ideen zu begründen und sich eine eigene Meinung zu bilden. Im Philosophieren werden gleichzeitig die Begriffsbildung und das sprachliche Ausdrucksvermögen gefördert. Gemeinsam denken Kinder und Pädagogin über Bedeutung und den Sinn von Regen und Wasser für das Leben nach. Dabei sind die Gedankengänge und Ergebnisse unterschiedlich.

Daniels Papa ist Chemiker und in der Abwasserwirtschaft tätig. Er stellt den Kindern Bildmaterialien zur Verfügung. Daniel präsentiert das mitgebrachte Anschauungsmaterial im Morgenkreis und teilt sein Wissen darüber, woher das Wasser kommt und was mit dem verschmutzten Wasser passiert. Er erzählt von riesigen Kläranlagen, die das verschmutzte Wasser wieder sauber machen. Vielen Kindern sind Kanalrohre bekannt und sie begeben sich begeistert auf die Suche nach den Abflussrohren im Kindergarten. Maxi und Daniel planen eine Kindergartenkläranlage. Im Baubereich entsteht diese aus Schachteln und Bausteinen, als Kanalrohre dienen Reste von Installationsschläuchen.

Bewegung und Gesundheit

- Im Regen und in Pfützen tanzen, laufen, hüpfen …
- Wasser als Lebenselixier erkennen: als Voraussetzung für Leben, Gesundheit und Hygiene
- Freude an Bewegung in der frischer Luft erleben
- Den Wald als Entdeckungs- und Bewegungsraum erfahren
- Gefahrenquellen erkennen und berücksichtigen (bestimmte Spielgeräte bei Regen nicht verwenden)

Die großen Regenwasserpfützen verführen die Kinder zum Durchqueren und Hüpfen. Mit Gummistiefeln und Regenhose wettergerecht bekleidet sind Bewegungsexperimente in den Wasserpfützen ein Erlebnis. Beim Durchschreiten zieht man Spuren, bei Sprüngen spritzt das Wasser hoch. Nico bemerkt, dass das Wasser nicht bei allen gleich weit spritzt. „Du spritzt mehr als ich – warum?", fragt er die Pädagogin. Hannah bewegt sich vorsichtig durch die Pfütze, um nicht angespritzt zu werden. Camila steht in der Pfütze und wiegt von einem Bein auf das andere und summt dazu eine Melodie. Der Waldweg ist durch den Regen weich und schlammig. Das Begehen ist für die Kinder eine Herausforderung und strengt vor allem die jüngeren besonders an.

Camila bleibt mit ihrem Gummistiefel im Schlamm stecken und ruft: „Ich stecke fest!"

Im ersten Moment sind die anderen Kinder amüsiert, befreien sie dann aber aus ihrer Lage. Hannah hilft Camila, das Gleichgewicht zu halten, während Nico den Stiefel mit einem Ruck aus dem Schlamm zieht.

Während des Regenspaziergangs unterhalten sich die Kinder mit der Pädagogin darüber, dass nicht jedes Wasser trinkbar ist. Verschmutztes Wasser, wie das in Regenpfützen, ist für Menschen ungesund und kann beispielsweise Bauchschmerzen auslösen. Sie erinnern sich auch daran, dass Eiszapfen nicht essbar sind und krank machen können. Menschen brauchen regelmäßig sauberes Trinkwasser zum Leben. „Wasser ist zum Waschen da – sagt die Oma immer." Die Kinder lachen, stimmen aber zu. „Und wenn wir uns mit der Seife die Hände waschen, wird das Wasser total schmutzig", erklärt David. Daniel bringt sein Wissen ein: „Mein Papa kann schmutziges Wasser wieder sauber machen!" Er erzählt, dass sein Papa als Chemiker in der Kläranlage arbeitet.

Die Kinder folgen einem Rinnsal, das den Weg bergab fließt. Sie bewegen sich über Wurzeln und Baumstämme, durch Schlamm und mit Wasser gefüllte Furchen. Am Waldrand angekommen folgt die Gruppe dem Wasser weiter entlang einer Nebenstraße. Die Pädagogin warnt: „Gebt acht! Der Schlamm auf den Stiefelsohlen ist rutschig!" Camila bestätigt: „Ich bin schon ausgerutscht. Aber ich bin nicht hingefallen." Schließlich gelangen sie zu einem Kanaldeckel, in welchem das Regenwasser verschwindet. Auf dem Weg zurück in den Kindergarten bewegen sich die Kinder von Kanaldeckel zu Kanaldeckel weiter, lauschen dem unterirdischen Rauschen des Wassers und beobachten kleine Rinnsale, die hineinfließen.

Zurück im Kindergarten wird nasse Bekleidung gewechselt und zum Trocknen aufgehängt. Auch die Füße der Kinder sollen wieder aufgewärmt werden.

„Bei mir war Wasser drinnen und die Zehen sind eiskalt.", erzählt Nina und freut sich auf das angekündigte Fußbad. Warmes Wasser wird in Wannen geschüttet und jedem Kind ein frisches Handtuch zur Verfügung gestellt. Die Pädagogin bietet den Kindern an, etwas Badesalz beizumengen.

Bei Regenwetter ist das Spiel in der Sandkiste besonders beliebt. Die Buben nutzen die Stabilität des nassen Sandes und bauen Bachläufe und Staudämme. Tags darauf ist es sonnig und warm. Sie vollenden ihre Bauwerke dennoch; das dafür notwendige Wasser schleppen sie mit Eimern vom Brunnen in die Sandkiste. Im Wechsel betätigen sie den Pumpbrunnen und drücken und heben dabei den Schwengel unter hohem Krafteinsatz. Felix holt die Pädagogin hinzu: „Wir machen eine so hohe Staumauer und müssen den ganzen Sand auf die eine Seite schaufeln und Wasser hineinfüllen. Das ist sehr anstrengend und wir schwitzen schon." Die Pädagogin bringt den Buben Becher für eine Trinkpause. Dankbar pumpen sie Wasser in die Becher, denn sie wissen, dass aus dem Brunnen sauberes Trinkwasser fließt.

Der Garten wird von den Kindern ganzjährig und ganztägig unter Einhaltung bestimmter Regeln genutzt. Auf Bildkarten, die täglich an der Ausgangstüre in den Garten angebracht werden, sind Kleiderkombinationen für jede Wetterlage und Regeln für die Nutzung der Spielgeräte dargestellt. Es gilt die Vorschrift, dass der Garten bei Gewitter nicht genutzt werden darf und bei Regenwetter oder Eisregen aus Sicherheitsgründen nur bestimmte Spielgeräte bespielt werden können.

Camila legt im Zuge ihres Experiments bemalte Kartons auf die Gartenbänke. Nun wartet sie darauf, dass es zu regnen beginnt. Henry sieht in der Bankreihe ein willkommenes Hindernis zum Überspringen. Er läuft an und springt in hohem Bogen mit angezogenen Beinen über die Bank, ohne die Bilder zu berühren. Philipp und Nico sind beeindruckt und eifern ihm nach. Nico fordert die Pädagogin heraus: „Schaffst du das auch?" Die Buben und die Pädagogin haben großen Spaß beim Springen. Camila ist zunächst zurückhaltend und beobachtet das Geschehen. Schließlich wagt sie einen Versuch und ist sehr stolz, als ihr der Sprung gelingt. Nun wird Camila mutig und nimmt mehr Anlauf und springt immer höher über die Bank. Erst der beginnende Regen lenkt ihre Aufmerksamkeit wieder auf ihr Farb-Experiment.

Ästhetik und Gestaltung

- Mit Wasser Musik erzeugen – Wasserxylophon
- Sinnliche Erfahrungen mit Wasser (Wie fühlt/hört es sich an, wie sieht es aus, wie schmeckt und riecht es?)
- Welche Farbe hat Wasser? Auseinandersetzung mit der Farbe Blau
- Schiffe falten und schwimmen lassen

Im Garten bietet die Pädagogin eine Aquarelltechnik an. Wässrige Farbe wird auf feuchtes Papier aufgebracht, sodass sie verfließt. Diese Nass-in-Nass-Technik fordert eine schnelle Malweise, denn das Papier soll während des gesamten Malvorgangs feucht bleiben. Sophie und Hannah sind fasziniert von den verschwommenen Ergebnissen. Sie mischen sich die unterschiedlichsten Blauvarianten und verwenden zum Auftragen unterschiedlich breite Pinsel. Sophie entdeckt auf ihrem Blatt eine trockene Stelle und befeuchtet sie wieder mit dem Schwamm. Camila lässt sich die Technik erklären und probiert sie aus. Sie betrachtet die wässrige Farbe, die dafür bereitsteht und beobachtet, wie sich die Farbe am Pinsel im Wasserglas bewegt. „Lassen sich alle Farben mit Wasser auswaschen?" fragt sie die Pädagogin. Diese regt Camila an, auszuprobieren, welche Farben im Wasser verrinnen. Camila ist begeistert und organisiert Blautöne in verschiedenen Farbarten. Mit Acrylfarbe, Plakatfarbe, Fasermalern, Buntstiften, Aquarellstiften, Wasserfarben, Wachsmalkreiden und Ölkreiden malt sie Kreise auf Kartonstücke. Die Pädagogin notiert auf jedem Kartonstück, welche Farbenart verwendet wurde. Camila legt die Kartonstücke vorerst zum Trocknen auf Gartenbänke und stellt dabei fest, dass es bald regnen wird. „Da kann gleich der Regen mithelfen und die Farben nass machen", freut sie sich und wartet mit dem Blick zum Himmel. Endlich beginnt es zu tropfen und erst zögerlich zu regnen. Immer wieder kontrolliert Camila die Vorgänge. Sogar als es heftig regnet, nimmt sie den Regenschirm und hält Nachschau. Mit dem Finger testet sie die Farbfestigkeit und stellt fest, dass nicht jede Farbart löslich ist.

Die Pädagogin plant, mit den Kindern „Wassermusik" zu erzeugen, und bereitet dafür Gläser, Flaschen und Lebensmittelfarbe vor. Mit den Flaschen wird Wasser transportiert und die Gläser werden damit in unterschiedlichen Mengen befüllt. Mit Holzschlägeln stoßen die Kinder an die Gläser und bringen sie zum Klingen. Mit Begeisterung spielen die Kinder dieses „Wasserxylophon". Henry darf mit der Pipette Lebensmittelfarbe in das Wasser tropfen. Die Pädagogin stimmt ein Regenlied an, die Kinder begleiten mit „Wassermusik". Beim weiteren selbstständigen Experimentieren stellen die Kinder fest, dass die Gläser je nach Füllstand hoch oder tief klingen.

Eine Klanggeschichte zum Wasserkreislauf wird erarbeitet. Die Kinder ordnen den Textpassagen Musikinstrumente zu und auch die Wassergläser kommen zum Einsatz. Einige Kinder spielen die Geschichte aus und übernehmen die Rolle der Wassertropfen. Wieder in der Wolke angekommen freuen sich die Regentropfen und tanzen mit Chiffontüchern ausgestattet einen Wirbeltanz.

Im Kindergarten stehen befüllte Wasserkrüge im Buffetbereich zur Verfügung. Xaver und Caitlin sind durstig und schenken Wasser in die Gläser ein. Das Eingießen plätschert und Xaver macht Caitlin darauf aufmerksam: „Hör mal, wie das klingt!". Caitlin schnalzt mit der Zunge, um das Geräusch zu imitieren. Eifrig schenkt Xaver ein, um das Geräusch zu erzeugen. Plötzlich stoppt ihn Caitlin: "Halt, das geht über! Siehst du nicht, das Glas ist schon voll." Xaver erwidert erschrocken: „Ich habs gar nicht gesehen, das Wasser ist ja so durchsichtig." Beide trinken das Wasser und stellen fest, dass Süßwasser wirklich süß schmeckt. Aber Caitlin weiß auch, wie das Wasser noch süßer gemacht werden kann.

Sie nimmt den Holundersaft und gießt ihn dazu. Xaver lacht, kostet und stellt fest: „Ist süßer und noch immer durchsichtig!". Caitlin ergänzt: „Und jetzt riecht es sogar ... nach Holunderbusch!"

Camila erzählt vom letzten Familienurlaub am Meer. Die Wellen, das salzige Wasser und die schöne Farbe des Meeres sind ihr in guter Erinnerung. „Das Meer ist blau, obwohl das Wasser durchsichtig ist", erklärt sie den zuhörenden Kindern. Und außerdem ist Blau Camilas Lieblingsfarbe. Die Pädagogin schlägt ihr vor, das „Blau" im Kindergarten zu suchen und zu sammeln. Mit einem Korb in der Hand macht sie sich auf den Weg und findet viele blaue Gegenstände. Als ihre Suche beendet ist, sortiert sie die Gegenstände nach Farbnuancen von hell bis dunkel. Es entsteht ein interessantes Bild, das die Pädagogin für Camilas Bildungsmappe fotografiert.

Loreen gefällt das Suchspiel und möchte auch das Blau finden. Beim nächsten Spaziergang darf sie daher mit der Digitalkamera auf die Suche gehen. Der Himmel, Verkehrsschilder, Schuhe, Kleidungsstücke, Fahnen, das Polizeiauto und eine Blume stellen passende Motive dar. Andere Kinder weisen auf blaue Gegenstände hin und helfen Loreen bei ihrer Suche. Im Kindergarten druckt die Pädagogin die Fotos aus und Loreen klebt die Bilder auf einen Bogen Packpapier. Zu einem späteren Zeitpunkt überlegt sie, wie die Fotos besser geordnet werden könnten. Mit einem dunkelblauen Filzstift zieht sie Linien zwischen fotografierten Kleidungsstücken. „Alles was spitz ist, verbinde ich jetzt mit Hellblau", erklärt sie. Für alle anderen Gegenstände, die nicht spitz sind, verwendet Loreen beide Blautöne gleichzeitig, indem sie die Stifte mit Klebeband verbindet.

Im Auffangbecken des Brunnens testen Alexander und Loreen unterschiedliche Gegenstände auf ihr Schwimm- und Sinkverhalten. Nach intensiver Beschäftigung unterhalten sie sich über Schiffe, die eigentlich sehr schwer sind, aber trotzdem schwimmen. Alexander will ein Schiff bauen, um es im Auffangbecken auszuprobieren. Die beiden fragen die Pädagogin, wie sie ein Schiff herstellen könnten. Sie schlägt unterschiedliche Materialien vor, unter anderem einen gefalteten Papierdampfer. Alexander will ein Schiff falten und lässt sich den Vorgang zeigen. Loreen setzt die einzelnen Faltschritte gleichzeitig mit der Pädagogin um. „Das ist wie beim Serviettenfalten", stellt sie einen Vergleich her. Einige hinzukommende Kinder möchten ihr eigenes Schiff herstellen. Es entstehen Schiffe und Dampfer in unterschiedlichen Größen und Farben. Einige werden auch gleich im Auffangbecken ausprobiert.

Natur und Technik

- Messen und vergleichen (Schüttspiele)
- Eigenschaften von Wasser durch Untersuchungen und Experimente erfahren (Löslichkeit, Mischbarkeit, Aggregatszustände, Schwimmen – Sinken, Oberflächenspannung)
- Warum schillern Seifenblasen? – Einblicke in physikalische Gesetzmäßigkeiten gewinnen
- Den Wasserkreislauf kennenlernen
- Experimente mit wasserlöslichen Farben

Es regnet. Michael beobachtet den Regen durch das Fenster und meint: „Heute regnet es sehr viel." Julian stimmt ihm zu: „So viel Regen war noch nie." Die Buben wollen wissen, wie viel Regen fällt. Sie stellen dafür verschiedenste Becher und Gläser auf einer Bank im Garten auf. Mit der Sanduhr legen sie ihre Wartezeit fest, bis sie die Ergebnisse kontrollieren. Auf Polstern nehmen sie eine gemütliche Beobachtungsposition vor dem Fenster ein. Die Pädagogin beobachtet Michael und Julian beim Aufstellen der Gefäße und lässt sich das Vorhaben der beiden erklären. Sie bringt den Buben Messbecher, zeigt ihnen die Markierungen und benennt die Maßeinheiten. Nachdem der Sand in der Sanduhr durchgelaufen ist, holen sie die Gefäße unter Dach und nehmen auf der Terrasse die Messungen mit den Messbechern vor. Dabei schütten sie die Wassermenge, die sie in den unterschiedlich großen Behältern aufgefangen haben, nacheinander in den Messbecher. Dabei stellen sie unterschiedliche Wassermengen fest. Michael notiert die Ergebnisse, die Julian abliest, auf ein Blatt Papier. Um darzustellen, was gemessen wurde, zeichnen die Buben Wolken und Regentropfen dazu.

Im Auffangbecken des Brunnens hat sich während des Regens Wasser gesammelt. Alexander betrachtet das Wasser, pflückt ein Löwenzahnblatt und wirft es in das Auffangbecken. Er staunt und ruft andere Kinder herbei: „Schaut euch das an, ich hab ein Boot!". Loreen, die nun hinzukommt, tippt mit dem Zeigefinger auf das Blatt und möchte es untertauchen. Es schwimmt nach kurzem Untertauchen wieder an der Oberfläche. „Ich weiß noch etwas, das schwimmt!", ruft sie und holt ein Stück Holz von der Werkbank. Viele andere Materialien werden in Folge von den beiden Kindern auf ihr Schwimm- und Sinkverhalten getestet.

Elisabeth und Maria nutzen das Regenwasser, um im Rollenspiel zu „kochen". Etwas Wasser kommt in den Kochtopf und wird mit Sand und Ytongstaub vermengt. Je mehr sie davon beimengen, umso fester wird die Konsistenz. „Das Gulasch ist zu hart, da muss ich mehr Wasser reintun", stellt Elisabeth nach einiger Zeit fest. Die Pädagogin beobachtet die Mädchen in ihrem Spiel und bereitet in Folge Experimente zur Löslichkeit von Feststoffen in Wasser vor. Zucker, Salz und Brausepulver sollen aufgelöst werden und die Kinder dabei durch Kostproben feststellen, dass die Substanzen trotzdem nicht verloren gehen. „Der Kakao löst sich in der Milch auch auf und dann schmeckt die Milch anders", weiß Tim. „Aber in der warmen Milch gehts besser, hat die Mama gesagt", ergänzt Nina. Ausgehend von diesem Wissen, stellt die Pädagogin warmes und kaltes Wasser zur Verfügung, damit von den Kindern ein Vergleich angestellt werden kann. Die Kinder kommen zur Erkenntnis, dass je wärmer das Wasser ist, umso schneller lösen sich Zucker und Salz. Durch Umrühren beschleunigen sie den Vorgang der Auflösung. „Aha, deshalb rührt die Mama den Kaffee um!", ruft Felix begeistert.

Am besten gelingen Seifenblasen bei feuchtem Wetter. Die Kinder pusten und erfreuen sich an den schillernden Seifenblasen. „Warum schillern die so schön?", fragt Noah die Pädagogin. „Das ist eine interessante Frage. Komm, wir lesen nach!", antwortet sie. Bei der Recherche im Internet gelangen sie zu einfachen und kindgerechten Erklärungen. Noah teilt sein neu erworbenes Wissen mit den Seifenbläserinnen.

Camila experimentiert mit der Nass-in-Nass-Technik. Beim Auswaschen des Pinsels im Wasserglas beobachtet sie den blauen Farbwirbel. „Lassen sich alle Farben mit Wasser auswaschen?", fragt sie die Pädagogin.

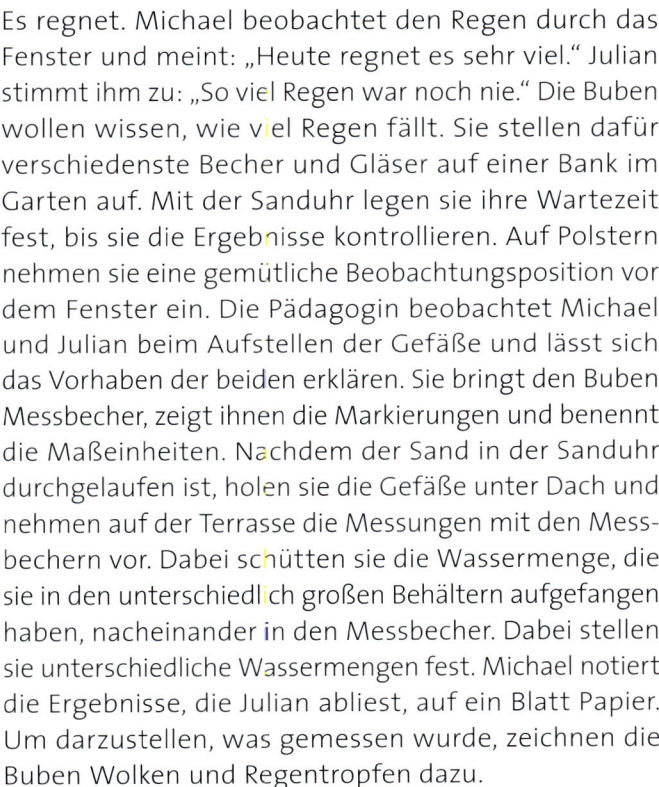

Gemeinsam suchen sie verschiedene Farbarten in Blau: Acrylfarbe, Plakatfarbe, Fasermaler, Buntstifte, Aquarellstifte, Wasserfarben, Wachsmalkreiden und Ölkreiden werden auf ihre Farbechtheit geprüft. Camila malt mit jeder Farbenart Kreise auf Kartonstücke. „Jetzt schau ich, was passiert, wenn der Regen drauffällt!" Sie legt die Kartonstücke auf Gartenbänke und wartet auf den Regen. Es tropft zunächst und beginnt erst zögerlich zu regnen. Immer wieder kontrolliert sie die Vorgänge und stellt schließlich fest: „Schau, da bei der Acrylfarbe ist gar nichts passiert. Dafür ist die Wasserfarbe weggewaschen."

Philipp befüllt Plastikflaschen mit Wasser. „Die ist sicher ein Kilo schwer.", sagt er und hebt eine Flasche mit beiden Armen in die Luft. Henry stellt das infrage: „Woher willst du das wissen?" Die beiden Buben wollen es nun genau wissen und bitten die Pädagogin um Unterstützung. Sie bringt unterschiedliche Waagen: eine manuelle und eine digitale Küchenwaage sowie eine Balkenwaage. Philipp und Henry beschäftigen sich intensiv mit den Waagen und vergleichen die Messergebnisse. Schließlich befüllen sie eine weitere Flasche mit kleinen Steinen. „Was glaubst du, was ist schwerer?", will Philipp wissen. Sie überprüfen ihre Vermutungen mit der Balkenwaage.

Während eines Regenspaziergangs sehen die Kinder, dass der Asphalt „raucht". Die Kinder finden diesen Vorgang lustig und fragen nach einer Erklärung. „Wenn es zuerst heiß ist und dann regnet, dampft es." Die Pädagogin erklärt, dass Wasser nie verloren geht- es verdunstet, steigt nach oben, bildet Wolken und kommt als Regen, Schnee oder Hagel wieder auf die Erde zurück. Um das Verdampfen des Wassers für die Kinder nachvollziehbar zu machen, kocht die Pädagogin nach dem Spaziergang Tee. Der Dampf, der beim siedenden Wasser aufsteigt, ist gut sichtbar, weil sich in ihm noch viele klitzekleine flüssige Tröpfchen befinden.

P ädagogische Qualität in elementaren Bildungseinrichtungen bezieht sich auf die Bedürfnisse und Interessen der Kinder und ist Voraussetzung für eine umfassende Unterstützung kindlicher Bildungsprozesse. Pädagogische Qualität wird in den pädagogischen Interaktionen, den Werthaltungen und Einstellungen des Personals sowie in den Strukturbedingungen sichtbar." (Modul für das letzte Jahr in elementaren Bildungseinrichtungen. Vertiefende Ausführungen zum Bundesländerübergreifenden BildungsRahmenPlan)

Als qualitätssichernde Maßnahme reflektiert das Team des Kindergartens in regelmäßigen Abständen Rahmenbedingungen, Ausstattung, Angebote und Interaktionen zwischen Kindern, Eltern und innerhalb des Tams mithilfe der „Kindergarten-Skala" (KES-R). Die grundlegende pädagogische Orientierung der Einschätzungsskala entspricht jener des BildungsRahmenPlans und die Auseinandersetzung mit den Inhalten unterstützt das Team durch Anregungen in Aspekten der Struktur- und Prozessqualität bei der Umsetzung des Bildungsauftrags.

Um einen objektiveren Blick auf ihre pädagogische Arbeit zu gewinnen, wählen die Teammitglieder in regelmäßigen Zeitabständen einzelne Merkmale aus und führen eine Selbstevaluation durch. Dadurch werden die eigenen Stärken bewusst gemacht, aber es wird auch aufgezeigt,

Naturerfahrungen als Qualitätsmerkmal

Wenn Regentropfen zu Sachwissen führen ...

wo gezielte Qualitätsverbesserungen erforderlich sind. Die Leiterin nutzt das Instrument somit zur Qualitäts- entwicklung und -sicherung ihrer Arbeit.

Die ganzjährige und ganztägige Möglichkeit zur Nutzung des Gartens, die aktive Beobachtung der Natur, regelmäßige Ausgänge und vielfältige Samm- lungen von Naturmaterialien sind ein konzeptionell verankerter Schwerpunkt des Kindergartens. Daher strebt das Team im Merkmal 25 der Kindergarten-Skala, „Naturerfahrungen/Sachwissen", ausgezeichnete Quali- tät an. Die regelmäßige bewusste Betrachtung der vorbereiteten Materialien und die Beobachtung ihrer Nutzung durch die Kinder, geplante Aktivitäten und Exkursionen sowie das Einbeziehen von ExpertInnen ermöglichen ein anregendes Lernumfeld für die Kinder.

Wie in der KES-R in diesem Punkt als Qualitätsmerk- mal angeführt, nutzt das Team die Ereignisse des tägli- chen Lebens als Grundlage für Lernerfahrungen der Kinder und entspricht damit auch dem Prinzip der Lebensweltorientierung im Bundesländerübergreifen- den BildungsRahmenPlan. Die Kinder zeigen Interesse an der aktuellen Wetterlage und berichten von Wasser- pfützen, die sie auf dem Weg zum Kindergarten bereits entdeckt haben. Einige von ihnen möchten ins Freie, um sich im Regen zu bewegen, die Tropfen bewusst wahrzunehmen und um gemeinsam mit FreundInnen die beobachteten Regenpfützen zu erkunden. Im Sinne der Prinzipien der Individualisierung und Partizipation bietet die Pädagogin dem Interesse der Kinder folgend die Möglichkeit zum Spaziergang im Regen an, wobei

jedes Kind selbst entscheidet, ob es daran teilnehmen möchte, und in seiner Entscheidung von PädagogIn- nen ernst genommen wird. Die Kinder gewinnen bei dem Spaziergang durch den Regen zahlreiche neue Erfahrungen und weitere Bildungsanlässe ergeben sich wie z. B. beim Verfolgen des Rinnsals in den Kanal und die darauf folgende intensive Auseinanderset- zung mit der Abwasserwirtschaft. Hier tritt für die Pädagoginnen das Prinzip der Sachrichtigkeit in den Vordergrund: Die entwicklungsgemäße Vermittlung von Wissen und das Verstehen der Zusammenhänge im Kreislauf des Wassers sind bedeutend. Nach der Rückkehr in den Kindergarten zeigen die Kinder unter- schiedliche Interessen, die durch den Spaziergang ausgelöst wurden: Ein Teil der Kinder möchte sich mit der Funktion einer Kläranlage und der unterirdi- schen Verrohrung auseinandersetzen, andere möchten die sinnliche Erfahrung mit Schlamm vertiefen, wieder andere Kinder möchten die Regenmenge messen. Die Pädagoginnen stellen differenzierte Bildungsange- bote zur Verfügung und berücksichtigen individuelle Fähigkeiten, Stärken und Interessen.

Frisch aus unserem Garten

Impuls:

Mahlzeiten haben im Kindergarten einen hohen Stellenwert. In Absprache mit den Eltern übernimmt täglich eine Familie die Organisation der Jause im Kindergarten, wobei regionale und saisonale Lebensmittel bevorzugt werden. Zusätzlich wird mit dem im Kindergarten angebauten Obst und Gemüse das Jausenbuffet erweitert.

Frisch aus unserem Garten

Ästhetik/Gestaltung

- Herstellen von Tischschmuck
- Essen mit allen Sinnen erleben
- Ansprechende Gestaltung des Jausenbuffets
- Rezepte bildhaft darstellen und eigene Kochbücher entwerfen
- Delikatessen als Geschenke (Kräutersalz herstellen und Salzstreuer gestalten, Teemischungen, Kürbiskerne in Schokolade tauchen, Muffins für Geburtstage backen und verzieren, ...)

Sprache und Kommunikation

- Tischgespräche
- Speiseplanerstellung und Reflexion der getroffenen Auswahl (Was hat mir geschmeckt?)
- Begriffsbildung: Kennenlernen von Speisen, Ober- und Unterbegriffe bilden, Beschreiben des Geschmacks
- Kochbücher als Nachschlagewerke nutzen
- Rezepte schriftlich festhalten

Emotionen und soziale Beziehungen

- Mahlzeiten als Pflege sozialer Beziehungen erleben
- Rücksichtnahme bei der Auswahl der Speisen am Buffet, zu einer angenehmen Esskultur beitragen
- Freude auf Gerichte und gemeinsames Genießen eines „Festmahls" (Geburtstage, ...)
- Gerüche und deren Auswirkungen auf das Wohlbefinden (Kräutertees, Duftsäckchen, ...) wahrnehmen

Bewegung und Gesundheit

- Unterscheiden zwischen Hunger und Appetit auf etwas Bestimmtes und Anzeichen der Sättigung erkennen
- Wissen über gesunde Ernährung erweitern
- Bewusste und abwechslungsreiche Gestaltung des Speiseplans
- Individuelles Eingehen auf Lebensmittelunverträglichkeiten und Ernährungsvorschriften
- Ausflüge zum Herkunfts- bzw. Produktionsort der Lebensmittel

Natur und Technik

- Voraussetzungen für das Wachstum von Getreide, Obst und Gemüse bewusst machen
- Umgang mit technischen Hilfsmitteln für die Herstellung von Speisen
- Physikalisches Erfahrungen: Hebelwirkung beim Nussknacker erproben
- Mathematische Grunderfahrungen beim Tischdecken (Abzählen der Teller, des Bestecks, Servietten, …) beim Teilen von Obst
- Erfassen von Mengen (wie viel passt in ein Glas?)
- Mischverhältnisse erfahren (Säfte mischen)
- Chemische Grunderfahrungen: Warum wird der Apfel braun?
- Gemüse im eigenen Hochbeet anpflanzen und das Wachstum verfolgen
- Erntemaschinen kennenlernen

Ethik und Gesellschaft

- Esskultur und Tischmanieren aneignen
- Bedeutung von Mahlzeiten bei gesellschaftlichen Anlässen erleben (Mahlzeiten und Tischschmuck bei Festen, Feiern, „Festessen", …)
- Kennenlernen kultureller Besonderheiten bei Essgewohnheiten und Zubereitung von Mahlzeiten
- Sorgsamer Umgang mit und bewusste Auswahl von Lebensmitteln
- Saisonale und regionale Lebensmittel schätzen und im Konsumverhalten berücksichtigen
- Grundwissen über die weltweite Verflechtung bei der Versorgung mit Lebensmitteln
- Mülltrennung beachten

Emotionen und soziale Beziehungen

- Mahlzeiten als Pflege sozialer Beziehungen erleben
- Rücksichtnahme bei der Auswahl der Speisen am Buffet, zu einer angenehmen Esskultur beitragen
- Freude auf Gerichte und gemeinsames Genießen eines „Festmahls" (Geburtstage, ...)
- Gerüche und deren Auswirkungen auf das Wohlbefinden (Kräutertees, Duftsäckchen, ...) wahrnehmen

„Ich bin heute das Jausenkind und ich habe leckere Sachen mit!", begrüßt Tim freudig die anwesenden Kinder und die Pädagogin. Weil seine Mama pünktlich zur Arbeit muss, übernimmt die Pädagogin gemeinsam mit Tim die vorbereitenden Tätigkeiten. Michael will Tim auch helfen und unterstützt ihn beim Waschen, Schneiden und Anrichten von Obst und Gemüse. Freudestrahlend holt Tim Puddingpulver und Milch aus dem Einkaufskorb hervor. Er sucht den Blickkontakt zur Kinderbetreuerin, die ihm zunickt und mit ihm in der Küche den Pudding für das Jausenbuffet zubereitet.

Mit einem Gong darf Tim den Begrüßungskreis ankündigen und schließlich das Jausenbuffet eröffnen. Alle Kinder, die bereits nach dem Morgenkreis hungrig sind, können mit Tim zum Buffet gehen.

Jedes Kind entscheidet, mit wem es am selben Tisch sitzen möchte. Anna erklärt: „Ich genieße meine Jause heute draußen, da kann ich mir das Fußballspiel der Buben ansehen." Als Jausenkind hat Tim heute besondere Aufgaben für die Gemeinschaft übernommen. Tim ist stolz auf seine Fähigkeiten und seine Leistung, die er als Jausenkind erbracht hat, und wird in seinem Selbstwertgefühl bestärkt.

Für den Mittagstisch übernehmen heute Ayana und Andreas die vorbereitenden Tätigkeiten. Sie decken gemeinsam für alle Mittagskinder den Tisch. Sie überlegen, wie viele Kinder heute mittagessen, und zählen dafür die Namen am Essensplan ab. Ayana bestimmt das Vorgehen: „Heute essen elf Kinder. Du übernimmst die Suppenschüsseln und ich die Teller." Andreas ist damit einverstanden und setzt die ihm gestellte Aufgabe um. Die beiden Kinder sind unschlüssig, welches Besteck aufgedeckt werden soll. Sie fragen die Pädagogin und besprechen gemeinsam den Speiseplan. Schnell wird klar, dass Löffel, Gabel und Messer nötig sind. Schließlich dekoriert Ayana den Tisch mit Kerzen, Muggelsteinen und Perlenketten. Andreas bestimmt die Sitzordnung, indem er die Fotokartene eines jeden Kindes auf einen Platz legt. Danach bitten sie die Mittagskinder zu Tisch und erinnern an das Händewaschen. Ayana gibt das Menü bekannt: „Heute gibt es Gemüsesuppe und Palatschinken." „Das ist mein Lieblingsessen, Palatschinken liebe ich", schwärmt Nina.

Nach dem Essen sprechen die Kinder gemeinsam mit der Pädagogin über die Mahlzeit. Die Pädagogin fragt die Kinder einzeln, ob die Speisen geschmeckt haben. „Die Suppe war nicht mein Geschmack, ich mag keinen Kohlrabi, und der war dabei." Reihum geben die Kinder Rückmeldungen, die für den Koch in Form von Smileys notiert werden.

Für Feste wird eine besondere Jausenform gewählt, um den Festcharakter zu betonen. Eine festliche Tafel wird nach Wunsch der Kinder in einer U-Form oder in einer Linie aufgebaut. Geburtstage und andere Feierlichkeiten wecken die Vorfreude auf besondere kulinarische Genüsse und schon Tage zuvor wird geschwärmt und das Fest herbeigesehnt. Gelegentlich wird der Jausenbereich in einen „Gastgarten" umfunktioniert. Spezielle Tischtücher, Tischnummern und ein kleiner Tischschmuck auf jedem Tisch sollen eine Gastgartenatmosphäre schaffen. Flinke Kellnerinnen und Kellner servieren die Speisen und Getränke. Die Kinder schlüpfen gern in die unterschiedlichen Rollen, schulen ihre Geschicklichkeit, ihr Koordinationsvermögen und erleben sich als aktives Mitglied der Gemeinschaft.

Die getrockneten Kräuter werden zu Tee verarbeitet. Schon beim Aufgießen des Tees breitet sich ein angenehmer Duft im Gebäude aus und wird von den Neuankommenden wahrgenommen. „Heute gibt es unseren Tee! Ich kann es schon riechen", teilen sie ihre Wahrnehmung mit. Im Buffetbereich wird eine Teebar eingerichtet und Dufterlebnisse ermöglicht. Kräuter- und Früchtetees riechen unterschiedlich und Zitronen- oder Orangensaft verfeinern den Geschmack. „Mir macht der warme Tee ein angenehmes Gefühl im Bauch", stellt Martin fest. „Den Pfefferminztee rieche ich so gern, der riecht nach Kaugummi", lacht Nico.

Ethik und Gesellschaft

- Esskultur und Tischmanieren aneignen
- Bedeutung von Mahlzeiten bei gesellschaftlichen Anlässen erleben (Mahlzeiten und Tischschmuck bei Festen, Feiern, „Festessen", …)
- Kennenlernen kultureller Besonderheiten bei Essgewohnheiten und Zubereitung von Mahlzeiten
- Sorgsamer Umgang mit und bewusste Auswahl von Lebensmitteln
- Saisonale und regionale Lebensmittel schätzen und im Konsumverhalten berücksichtigen
- Grundwissen über die weltweite Verflechtung bei der Versorgung mit Lebensmitteln
- Mülltrennung beachten

Zu Beginn des Kindergartenjahres werden grundsätzliche Erfordernisse betreffend Menge und Auswahl gesunder Nahrungsmittel für das tägliche Jausenbuffet mit den Eltern abgestimmt und Jausenvorschläge zur Verfügung gestellt. Bereits am Vortag der jeweiligen Verantwortlichkeit ist die Vorfreude des „Jausenkindes" auf diese besondere Aufgabe groß. Nicht nur Nahrungsmittel, die auf dem Jausenvorschlag festgehalten sind, sondern auch Lieblingsspeisen, traditionelle Familiengerichte und kulturelle Besonderheiten finden Einzug ins Jausenbuffet. Die Kinder freuen sich über Komplimente und Wertschätzung für die mitgebrachte Jause: „Deine Jause schmeckt sehr lecker!" Die Vielfalt und die Auswahl der Nahrungsmittel am Buffet sind zum Teil jahreszeitenbedingt. Saisonales Obst und Gemüse wird bevorzugt. Bei den vorbereitenden Tätigkeiten in den Familien und auch bei Gesprächen im Kindergarten entsteht zunehmend ein Bewusstsein darüber, dass Obst- und Gemüsesorten nicht jederzeit bei uns wachsen und oft schon lange Transportwege hinter sich haben, bis sie im Geschäft ankommen.

Zur Verdeutlichung zeigt die Pädagogin den Kindern auf einem Globus den weiten Weg, den eine Erdbeere im Dezember zurücklegen muss. Es ist der Pädagogin ein Anliegen, Kindern ein Gespür für den natürlichen Jahreskreislauf landwirtschaftlicher Produkte zu vermitteln.

Auch der Nährwert von Lebensmitteln wird gelegentlich thematisiert. Nahrung, die wir zu uns nehmen, versorgt den Körper mit notwendigen Nährstoffen und

stellt damit langfristig die Grundlage für unsere Gesundheit und Leistungsfähigkeit dar. „Joghurt und Äpfel sind gesund! Darum esse ich das heute.", begründet Julia ihre Auswahl am Buffet.

Durch die ansprechende Auswahl und das Vorbildverhalten der Pädagogin sowie von Freundinnen und Freunden wagen es Kinder, neue Geschmacksrichtungen zu erforschen, und so manches nicht essbar Geglaubte beginnt plötzlich zu schmecken. Eine vielseitige und ausgewogene, gesunde und abwechslungsreiche Ernährung wird angestrebt. Zu trinken gibt es Wasser und selbst hergestellte leichte Säfte im Sommer sowie Früchte- und Kräutertees in der kalten Jahreszeit.

Feste sind ersehnte Höhepunkte im Laufe des Jahres, sie strukturieren das Jahr und vermitteln unsere Kultur einerseits durch traditionelle Festakte, aber auch durch – speziell zu diesen Anlässen zubereitete – Speisen und Getränke.

Feste im Jahresverlauf bieten gute Gelegenheit, Interkulturalität durch die Einbeziehung der Festtage der Kinder und Eltern anderer Kulturen zu leben. Es wird auch darauf geachtet, dass sich Projekte oder Feiern nicht mit andern kulturellen Festen überschneiden.

Für gemeinsame Festessen werden Tische zu einer Tafel zusammengestellt und mit entsprechendem Tischschmuck – mit Tischtüchern, festlichen Servietten, Kerzen, Menükarten und weiteren Dekorationen – feierlich geschmückt.

Auch im Alltag achtet die Pädagogin auf eine angenehme Atmosphäre während der Mahlzeiten. Die Kinder decken den Tisch, dekorieren mit Blumen oder der Jahreszeit entsprechenden Utensilien und arrangieren ihre Jause auf dem Teller. Die Einhaltung der Tischregeln wie z. B. nicht mit vollem Mund zu sprechen oder den Tisch sauber zu verlassen, wird von den Kindern selbst kontrolliert und eingefordert.

Jedes Kind bedient sich selbst am Buffet und darf seine Essensmenge selbst bestimmen. Es werden bewusst kleine Portionen gewählt, weil die Kinder wissen, dass sie jederzeit nachholen können. Vor allem zu Beginn benötigen Kinder beim Gang zum Jausenbuffet Begleitung und Unterstützung. Zahlreiche Gespräche ergeben sich dabei: „Koste den leckeren Aufstrich, den hat meine Mama selbst gemacht. Da ist Thunfisch drinnen, den mag ich sehr gerne", lädt Nico ein. Die Pädagogin fragt nach: „Hast du auch geholfen?" „Ich war mit beim Einkaufen und habe auch beim Mixen geholfen", antwortet er. Auch das Abräumen und Abspülen der Teller und Gläser übernehmen die Kinder selbstständig. Anfallende Essensreste werden entsprechend entsorgt und auf korrekte Mülltrennung wird geachtet.

„Mir ist die Gurke runtergefallen, wo soll ich sie hingeben?", fragt Anna zu Kindergartenbeginn. Die älteren Kinder zeigen ihr den Kompostkübel. Im Laufe des Jahres kennt sich Anna mit dem Mülltrennungssystem gut aus und unterstützt selbst andere hilfsbereit bei deren Fragen und Unklarheiten.

Die Verwendung von saisonalen Produkten aus dem Naschgarten sorgt für Diskussion: „Wir haben auch einen Garten zu Hause. Da wachsen Karotten, Radieschen, Paprika und Tomaten", erzählt Nico. „Wir nicht, wir kaufen bei einem Mann, der einen großen Garten hat. Der hat richtige Tunnel für Salat und Gemüse." Die Pädagogin verfolgt das Gespräch. Sie erklärt, dass Obst- und Gemüsesorten von klimatischen Grundvoraussetzungen abhängig sind und nicht überall auf der Erde Pflanzen wachsen können. „So wie in der Wüste oder im Eis", ergänzt Jakob.

Sprache und Kommunikation

- Tischgespräche
- Speiseplanerstellung und Reflexion der getroffenen Auswahl (Was hat mir geschmeckt?)
- Begriffsbildung: Kennenlernen von Speisen, Ober- und Unterbegriffe bilden, Beschreiben des Geschmacks
- Kochbücher als Nachschlagewerke nutzen
- Rezepte schriftlich festhalten

Nicklas unterhält sich mit der Pädagogin beim Vorbereiten des Jausenbuffets. Er packt aus dem Korb Obst und Gemüse und benennt jedes Stück. Die Pädagogin leitet Nicklas an, nach Obst und Gemüse zu sortieren. „Was hast du alles mitgebracht, das auf den Gemüseteller kommt?", fragt sie. Nicklas überlegt kurz und zählt auf: „Paprika, Tomaten, Karotten und Essiggurkerl, die stell ich aber daneben hin." Er organisiert sich das passende Geschirr und Besteck aus den für die Kinder zugänglichen und beschrifteten Laden. Er wäscht das Gemüse und beginnt es zu zerteilen. „Ich möchte lange Streifen schneiden, die kann man dann knabbern.", erklärt er der Pädagogin. „Wenn du den Käse in Würfel schneidest, könnten wir kleine Spieße hineinstecken", schlägt die

Pädagogin vor. Während der Vorbereitungen erfährt und verwendet Nicklas vielfältige Ober- und Unterbegriffe und erweitert seinen Wortschatz. Nicklas möchte die Gurke schälen und fragt die Pädagogin, wie er dabei vorgehen soll. Sie schlägt vor, den Spargelschäler zu verwenden. Nicklas blickt erstaunt, denn er kennt dieses Gerät noch nicht. „Schau, da in der Lade gibt es einige zur Auswahl." Nicklas bildet Fragesätze und verwendet zahlreiche Fragewörter, die das Gespräch bereichern: „Wie verwendet man den Spargelschäler? Was kann ich damit noch schälen? Warum heißt er Spargelschäler? Kann man damit auch Äpfel schälen? Wo kann man so einen kaufen?"

Nach der Fertigstellung der vorbereitenden Tätigkeiten läutet Nicklas mit dem Gong und lädt damit zum Morgenkreis ein. Nach einem Begrüßungslied darf das „Jausenkind" abzählen, wie viele Kinder heute im Kindergarten sind. Auch die Bestimmung des Wochentags und des Datums übernimmt heute Nicklas. Er steckt die passenden Kluppen am Kalender um. Gemeinsam werden Wochentag und Datum wiederholt und dabei die Silben des Monatsnamens von allen geklatscht.

Beim Jausenbuffet ist hinter den Wasserkrügen eine Bildfolge über das Nachschenken für alle gut sichtbar angebracht. Die Kinder diskutieren: „Auf dem Bild sieht man, wie der Bub die Flasche aus der Kiste holt", stellt Nicklas fest. Joris ergänzt: „Wir brauchen das aber nicht, die Flasche steht für uns schon bereit." Auch eine Bildfolge über die Reinigung des Geschirrs zeigt den Kindern einen nachvollziehbaren Ablauf und eröffnet immer wieder Gespräche über hauswirtschaftliche Tätigkeiten.

Weitere Bildkärtchen zeigen die Sorte des Fruchtsaftes und Tees, den Platz für das eigene Trinkglas, geben Hilfestellung für das Mülltrennsystem und erleichtern die Zuordnung von Besteck, Gläsern und Geschirr in die jeweiligen Laden.

Die Pädagogin bespricht mit den Kindern das Menü der kommenden Woche. Für Mittwoch wird kein Essen bestellt, da ausnahmsweise selbst gekocht wird. Die Kinder bringen ihre Wünsche ein, gemeinsam wird überlegt und diskutiert, was gut zusammenpasst. „Ich mag gern, wenn am Strudel viel Zucker ist", erklärt David.

„Das ist eine Süßspeise", weiß Henry, der wiederum Pikantes bevorzugt. Am Mittwoch soll unter anderem eine Frittatensuppe zubereitet werden. Die Pädagogin bespricht mit den Kindern das Rezept und eine Einkaufsliste wird erstellt. Dafür schreiben zwei Mädchen die Zutaten aus dem Rezeptbuch ab und ergänzen die Liste mit Zeichnungen.

Beim gemeinsamen Kochen werden alle Zutaten bereitgestellt, abgewogen und gemessen sowie Arbeiten zugeteilt. „Ich hole Schnittlauch aus dem Hochbeet", bietet sich Sebastian an, „und schneide ihn dann in Stücke." Loreen möchte eine Menükarte herstellen. Sie bittet die Pädagogin, die Menüfolge niederzuschreiben und vervollständigt die Karte mit Bildern.

Als Jahresabschlussgeschenk erarbeiten die Kinder gemeinsam mit der Pädagogin eine „Lieblingsrezeptesammlung", die jedes Kind als „Kochbuch" zusammengefasst erhält. Jedem Monat wird ein Rezept zugeordnet und Fotos vom Entstehungsprozess oder Stimmungsbilder sollen das Buch illustrieren. Die Kinder bringen viele Vorschläge und sind auch an der Fotoauswahl beteiligt.

Das Auswahlverfahren eröffnet zahlreiche Gesprächsanlässe über die Zubereitung von Speisen, persönliche Vorlieben und Erfahrungen mit Küchengeräten sowie Erinnerungen an Feste und Feiern. „Ich kann mich noch genau erinnern, als ich da den Nikolaus und den Krampus ausgestochen habe. Nachher habe ich sie dann verziert und wollte sie verschenken. Ich habe sie aber selber gegessen", erzählt Julian, als er das Foto sieht. Am Ende freut sich jedes Kind über das Kindergartenkochbuch, aus dem das eine oder andere Rezept zu Hause bestimmt nachgekocht wird.

Bewegung und Gesundheit

- Unterscheiden zwischen Hunger und Appetit auf etwas Bestimmtes und Anzeichen der Sättigung erkennen
- Wissen über gesunde Ernährung erweitern
- Bewusste und abwechslungsreiche Gestaltung des Speiseplans
- Individuelles Eingehen auf Lebensmittelunverträglichkeiten und Ernährungsvorschriften
- Ausflüge zum Herkunfts- bzw. Produktionsort der Lebensmittel

Das reichliche Angebot am Jausenbuffet bietet die Gelegenheit, individuellen Geschmacksvorlieben zu entsprechen und ermöglicht, zu gustieren und Neues auszuprobieren. Grundregeln für den Umgang am Buffet werden zu Jahresbeginn erarbeitet. So nimmt jedes Kind so viele Nahrungsmittel auf den Teller, wie es nach eigener Einschätzung auch aufessen kann. Ein Nachholen ist jederzeit möglich. Von Speisen, die man noch nicht kennt, werden nur Kostproben genommen. Jedes Kind hinterlässt das Buffet ordentlich, so wie man es vorgefunden hat.

Das Angebot ist vielfältig, aber dennoch überschaubar. Eine gleitende Jausenzeit ermöglicht es den Kindern, selbstbestimmt, je nach Hungergefühl, den Zeitpunkt für die Jause zu wählen. Unmittelbar neben dem Buffet sind Tische und Sitzgelegenheiten zum Einnehmen der Jause vorgesehen. Es besteht aber auch die Möglichkeit, ein Picknick im Garten zu machen. Kinder, die in der Eingewöhnungsphase Hilfe benötigen, werden in der Jausensituation behutsam begleitet.

Die Pädagogin reflektiert mit den Kindern, wie es sich anfühlt, wenn ich hungrig bzw. wenn ich satt bin, und unterstützt bei der Auswahl und Menge der Speisen.

Im Rahmen der Tischgespräche ergeben sich immer wieder Möglichkeiten, über Herkunft und Herstellung der vorhandenen Lebensmittel zu sprechen. „Noah, weißt du wo deine Mama diese Weckerl gekauft hat?", fragt die Pädagogin. „Die haben wir selbst gebacken", antwortet er und erklärt, dass er dabei geholfen hat. Am Jausenbuffet tauschen sich die Kinder aus, welche Nahrungsmittel ihnen besonders gut schmecken. Anlassbezogen probieren sie auch Lebensmittel aus, die sie sonst nicht so gerne essen, weil es einem Freund oder einer Freundin besonders gut schmeckt oder gesund ist.

Wiederkehrende Gespräche über die Herkunft der Lebensmittel erweitern das Wissen der Kinder. „Wir haben einen Garten, da wachsen schon Erbsen, die sind besser als die aus dem Geschäft", erzählt Nico. Kinder berichten vom Einkaufsverhalten der eigenen Familie und worauf sie beim Einkauf achten.

Lebensmittelallergien bzw. -unverträglichkeiten einzelner Kinder sind bekannt, werden berücksichtigt und sind in der Küche für alle nachvollziehbar aufgezeichnet. Die Pädagogin bespricht mit den betreffenden Kindern, welche Lebensmittel für sie bekömmlich sind, und unterstützt die zunehmende Eigenverantwortung bei der Auswahl am Buffet. Dennoch beobachtet sie die Kinder, um sicher zu gehen, dass diese ausschließlich für sie verträgliche Lebensmittel zu sich nehmen.

Der Speiseplan für das Mittagessen wird mit den Wünschen der Kinder abgestimmt. Nach dem Essen wird täglich besprochen, ob die Mahlzeit geschmeckt hat oder warum nicht.

Ein besonderes Erlebnis ist der Besuch im Gasthaus, in welchem das Mittagessen für den Kindergarten gekocht wird. Der Koch zeigt den Kindern die Küche und lädt sie ein, mit ihm zu kochen. Eifrig schneiden sie Gemüse, schälen Kartoffeln und hacken Kräuter. Der Koch benennt die einzelnen Zutaten und erzählt, was man damit kochen kann: „Das ist Petersilie. Sie wächst sicher bei euch im Garten. Besonders gut schmeckt sie mit Kartoffeln, aber auch in der Suppe oder in Aufstrichen." Die Kinder kennen die Petersilie aus dem Kräutergarten im Kindergarten. „Das haben wir schon gemeinsam mit Schnittlauch in den Kräutertopfen gegeben", weiß Felix.

Bei Ausflügen zum nahe gelegenen Bauern sehen die Kinder die Bearbeitung der Äcker und können die eingeholte Ernte betrachten. Die Verarbeitung von Getreide, Kürbissen, Rüben, Mais und verschiedenen Obstsorten kann nachvollzogen werden.

Im Rahmen des Wandertags besuchen die Kinder eine Kräuterpädagogin, die in der Gemeinde wohnt. Sie zeigt den Kindern ihren Naturkräutergarten, der ihr Haus umgibt. Sie benennt die Kräuter, lässt die Kinder daran riechen und erklärt die Wirkung bestimmter Kräuter. Der Spitzwegerich ist für die Kinder besonders interessant:

Einerseits kann daraus Hustentee zubereitet werden, andererseits dient er als „Wiesenpflaster", das beispielsweise bei Gelsenstichen oder bei Kontakt mit Brennnesseln schmerzlindernd wirkt.

David ist mutig und will die Wirkung ausprobieren. Er berührt eine Brennnessel und legt das „Wiesenpflaster" auf. „Es brennt gar nicht mehr, das Pflaster hilft wirklich", stellt er nach kurzer Zeit fest. Mit dem neu gewonnenen Wissen bereiten die Kinder Aufstriche und Kräuterbutter zu, die vor dem Nachhausegehen genussvoll verspeist werden.

Ästhetik und Gestaltung

- Herstellen von Tischschmuck
- Essen mit allen Sinnen erleben
- Ansprechende Gestaltung des Jausenbuffets
- Rezepte bildhaft darstellen und eigene Kochbücher entwerfen
- Delikatessen als Geschenke (Kräutersalz herstellen und Salzstreuer gestalten, Teemischungen, Kürbiskerne in Schokolade tauchen, Muffins für Geburtstage backen und verzieren, ...)

Tim schneidet und portioniert die von ihm mitgebrachten Lebensmittel. Auf unterschiedlichen Tellern und in Schüsseln werden Obst, Gemüse, Wurst und Käse liebevoll angerichtet. Er ordnet die Teller am Buffet an und kontrolliert, ob das passende Vorlegebesteck zugeordnet ist. Die hart gekochten Eier schält er ab und legt neben den Teller den Eierteiler. Für das Gurkenglas sucht er die spitze Gabel und den Honigausgießer stellt er auf ein gesondertes Teller. Zum Joghurt ergänzt er den kleinen Schöpfer. Zum Schluss stellt er eine Vase mit frischen Blumen dazwischen. Die Kinderbetreuerin ergänzt Krüge mit Wasser und Saft.

Beim Jausenbuffet gustieren die Kinder und wählen die Lebensmittel für ihren Jausenteller aus. Sorgfältig werden die Speisen am Teller arrangiert und alle achten darauf, dass das Buffet ansehnlich verlassen wird. „Heute gibt es Obstspießchen", freut sich Noah.

Daniel möchte heute eine „rote Jause" essen: Er wählt Paprika, Tomaten, Liptaueraufstrich und Erdbeeren aus. Außerdem entscheidet er sich für den Himbeersaft.

David hat am Wochenende bei einem Geburtstagsfest eine besonders schön gefaltete Serviette gesehen und möchte diese im Kindergarten nachfalten. Die Pädagogin zeigt eine Faltmöglichkeit und David übernimmt an diesem Tag die Gestaltung des Jausentischs.

Camila entdeckt beim Regenspaziergang Holunderblüten. Vom Vorjahr weiß sie, dass daraus Saft hergestellt werden kann. „Machen wir wieder Holundersaft?", ruft sie. „Ich mag die Etiketten für die Flaschen machen." Die Pädagogin plant in den nächsten Tagen einen Ausgang zum Waldrand und pflückt mit den Kindern Holunderblüten, die im Kindergarten zu Saft verarbeitet werden. Begeistert beschriftet und gestaltet Camila die Flaschenetiketten. Die Pädagogin regt Camila auch dazu an, die Rezeptfolge aufzuzeichnen.

Die Pädagogin hat viele Gläser mit passenden Deckeln gesammelt. Im Team wird überlegt, wie diese eingesetzt werden könnten. Die Idee, daraus Salzstreuer für selbst gemachtes Kräutersalz als Elterngeschenk herzustellen, entsteht. Jedes Kind kann aus den verschiedenen Gläsern auswählen.

Die Funktion eines Salzstreuers wird besprochen und gemeinsam überlegt, wie in den Deckel Löcher gebohrt werden können. Henry plant, mit Nagel und Hammer die passenden Löcher zu erzeugen. Die Kinder bemalen oder bekleben die Gläser nach eigenen Vorstellungen, einige beschriften sie. Für das Kräutersalz verwenden die Kinnder die sorgfältig geernteten, getrockneten Kräuter aus dem Hochbeet und vermengen diese mit gekauftem Salz. Sie befüllen ihre Gläser mit der Kräutermischung. „Ich will meinen ausprobieren!", ruft Nico. Beim Jausenbuffet streicht er sich Butter auf eine Brotscheibe und salzt.

Immer wieder werden frische Kräuter und Blüten aus dem eigenen Garten getrocknet und zu einer Kindergarten-Teemischung verarbeitet. Manchmal wird die Teemischung als Mitbringsel bei Ausgängen und Besuchen in Cellophan-Säckchen verpackt, die zuvor mit Lackstiften verziert wurden. Passende Etiketten werden ausgedruckt und angebracht.

„Das Kindergarten-Zeichen muss unbedingt darauf sein, damit alle wissen, dass das von uns kommt", stellt Julia fest und meint damit das Logo der Einrichtung.

Alexander sammelt bei einem Ausflug Gänseblümchen, Gräser und Blätter. Er ordnet seine Schätze auf einem Blatt Papier an und ergänzt mit Farbstiften sein Naturbild. Aus dem Arrangement soll ein Platzset für die Jause entstehen. Alexander beobachtet zuerst die erforderlichen Vorarbeiten für das Folieren des Bildes. Sorgfältig nimmt Alexander eine Folie, zieht sie auseinander und legt sein Werk dazwischen. Eine Blume verrutscht und Alexander schiebt sie wieder in die richtige Position. Er klappt die Folie zu und hebt sie zum Foliergerät, wo die Pädagogin helfend zur Seite steht. Fasziniert beobachtet er, wie auf der anderen Seite des Gerätes das fertige Tischset zum Vorschein kommt. Alexander spürt beim Entnehmen, dass die Folie noch warm ist, und bläst, um sie abzukühlen.

Am Jahresende wählen die Kinder ihre Lieblingsrezepte aus. Alle Speisen, die im Jahreslauf im Kindergarten zubereitet wurden, werden gesammelt und mit Bildern versehen. Rezepte von Kuchen, Broten und Weckerln, Säften, Aufstrichen und Suppen werden zusammengeheftet und als Jahresabschlussgeschenk den Kindern überreicht.

Natur und Technik

- Voraussetzungen für das Wachstum von Getreide, Obst und Gemüse bewusst machen
- Umgang mit technischen Hilfsmitteln für die Herstellung von Speisen
- Physikalische Erfahrungen: Hebelwirkung beim Nussknacker erproben
- Mathematische Grunderfahrungen beim Tischdecken (Abzählen der Teller, des Bestecks, der Servietten …), beim Teilen von Obst
- Erfassen von Mengen (Wie viel passt in ein Glas?)
- Mischverhältnisse erfahren (Säfte mischen)
- Chemische Grunderfahrungen: Warum wird der Apfel braun?
- Gemüse im eigenen Hochbeet anpflanzen und das Wachstum verfolgen
- Erntemaschinen kennenlernen

Die Pädagogin bereitet mit den Kindern gemeinsam einen Frühlingsaufstrich zu. Die Kinder hantieren mit dem Mixer, einem Wiegemesser, einem Eierteiler, einer Salz- und Pfeffermühle und einer Waage. Der Umgang mit den technischen Geräten ist den Kindern bekannt, die Pädagogin erinnert an die korrekte Handhabung. Elektrischer als auch mechanischer Antrieb der Geräte interessiert die Kinder und Wissen über weitere Küchenhelfer wird eingebracht. Die Kinder erweitern beim Zubereiten von Speisen ihre Kompetenzen im Umgang mit Anzahlen, Maßen und Gewichten, wenn sie die richtige Menge messen müssen.

Felix, der gerade hinzugekommen ist, fragt: „Wachsen die Kräuter alle in unserem Hochbeet?" Die mitwirkenden Kinder erzählen, dass sie die Kräuter gerade eben frisch geerntet haben. Der fertiggestellte Aufstrich ergänzt das Angebot am Jausenbuffet. Einige Kinder möchten im Hochbeet nach den verbliebenen Kräutern sehen. „Das ist Schnittlauch, das die Petersilie und das ist Melisse", weiß Laura, „aber das kenne ich nicht", stellt sie fest und zeigt auf eine Pflanze. Auch die anderen Kinder sind ratlos. Sie bitten die Pädagogin um Hilfe, die mit einem Pflanzenlexikon für Aufklärung sorgt.

Anhand der Bilder vergleichen die Kinder die unbekannte Pflanze und finden heraus, dass es sich um Breitwegerich handelt.

Michael und Felix zupfen Melissenblätter ab. „Die geben wir in unser Wasser, das schmeckt dann danach."

Am Hochbeet bespricht die Pädagogin mit den Kindern die Bedingungen für das Wachstum unterschiedlicher Pflanzen. „Warum ist aber der Weizen gewachsen, den wir im Herbst ausgesät haben? Da war es nachher Winter und kalt.", will Felix wissen. Die Pädagogin erklärt, dass es Samen, Knollen und Wurzeln gibt, die nach einer schnellen Keimphase frostigen, kalten Boden brauchen. „Erst im Frühling, wenn die Keime spüren, dass es warm wird, beginnen sie zu wachsen.

Das Jausenbuffet bietet gelegentlich Walnüsse und Haselnüsse zum Knacken. Ein Nussknacker steht für die Kinder zum selbstständigen Öffnen der Nüsse bereit. Hannah und Sophie betrachten den bereitgestellten Nussknacker. Nachdem sie die Funktionsweise erkundet haben, versuchen sie eine Walnuss zu knacken. Sophie strengt sich sichtlich an und drückt am Hebel. „Hu, das geht aber schwer", stellt sie fest. Hannah probiert ebenfalls und stimmt ihr zu. Sie hat eine Idee: „Gehen wir zur Werkbank und schauen nach, womit wir die Nüsse sonst noch knacken können." Mit einem Hammer klopfen sie die Schalen auf und gelangen so an den Kern. Die Freude ist groß und eine intensive Tätigkeit entsteht.

Marc beobachtet das Geschehen und fragt verwundert nach, warum die beiden nicht den Nussknacker verwenden. Über die Antwort ist er erstaunt, denn Marc hat schon viele Nüsse mit dem Nussknacker geöffnet. „Ich zeig euch das", meint er und erklärt die Handhabung des Nussknackers.

Sarah deckt den Jausentisch für sich und ihre Freundinnen. Sie zählt mit Fingern, wie viele Tischsets sie auflegen muss, und organisiert die passende Anzahl von Gläsern. Vorsichtig gießt sie Melissensirup in den Krug. Sarah weiss, dass für einen bekömmlichen Saft ein bestimmtes Mischverhältnis erforderlich ist. Zum Abmessen für die Sirupmenge verwendet sie ihre Finger. „Zwei Finger breit Sirup und der Rest Wasser" wiederholt sie für sich. Schließlich befüllt sie jedes Glas mit dem Melissensaft. Ihr eigenes Glas befüllt sie nur zur Hälfte, weil sie keinen so großen Durst hat. Sie faltet die quadratischen Servietten zu einem Dreieck und legt sie jeweils auf die rechte Seite des Tischsets. Sie teilt einen Apfel mit dem Apfelteiler in Spalten und überlegt, wie die Spalten gerecht auf alle Freundinnen

aufgeteilt werden können. Sarah hat beim Decken des Tisches vielfältige mathematische Erfahrungen gemacht und ihre bereits erworbenen Kompetenzen eingesetzt: Sie zählt, misst, erfasst und teilt Mengen, erlebt geometrische Grundformen und ordnet Gegenstände auf dem Tisch strukturiert an.

Manchmal bekommen Äpfel braune Stellen oder werden schrumpelig, wenn sie nicht gleich gegessen werden. „Den Apfel esse ich nicht, der ist faul!", hört die Pädagogin bei einem Gespräch am Jausenbuffet. Sie erklärt den Kindern, dass der Apfel nicht faulig ist, sondern der Sauerstoff in der Luft die Äpfel braun verfärbt. Der Apfel kann bedenkenlos gegessen werden. „Genau, die Banane wird auch braun, wenn sie keine Schale mehr hat", ergänzt Anja. Die Pädagogin schlägt vor, das nächste Mal Zitronensaft auf die Äpfel zu träufeln, um das Braunwerden zu verhindern.

Am benachbarten Kürbisacker wird geerntet. Schwere Erntemaschinen sind zu beobachten und faszinieren die Kinder. Die Pädagogin bietet den interessierten Kindern Sachbücher über landwirtschaftliche Geräte an. Da das Interesse immer wieder aufkeimt, plant die Pädagogin einen Ausgang zu einem Landmaschinenhändler, der Vater eines Kindergartenkindes ist und die Geräte kindgerecht erklärt.

Entwicklungsportfolio

Meine Bildungsmappe

Für jedes Kind im Kindergarten wird ein Entwicklungsportfolio geführt, das als „Bildungsmappe" bezeichnet wird. Es beinhaltet Werke der Kinder, Fotos ihrer Aktivitäten, Beiträge der Pädagoginnen wie Bildungs- und Lerngeschichten, Situationsbeschreibungen und Kommentare, Notizen über Gespräche und Gedanken der Kinder und manchmal auch Elemente, die von Eltern gestaltet werden. Stärken, Kompetenzen und Interessen der Kinder werden dokumentiert und dienen als Gesprächsgrundlage für „metakognitive Dialoge" und Entwicklungsgespräche.

Die wertschätzende Beachtung jedes einzelnen Kindes stellt eine Anerkennung der Entwicklungsprozesse sicher. Die Pädagogin bespricht gemeinsam mit dem Kind Lernwege, Erkenntnisse und Einsichten, die das Kind gewonnen hat. Diese ko-konstruktive Gestaltung, Betrachtung und Reflexion des Portfolios stärkt kommunikative und lernmethodische Kompetenzen. Selbstbewusstsein und Selbstkonzept werden durch diesen Blick auf eigene Stärken und Interessen gefördert. Das Portfolio zeigt über die Werke des Kindes, was es kann und tut. Das Kind steuert selbst die Auswahl der Inhalte, die

Pädagogin macht lediglich Vorschläge. Voraussetzung für die gelingende Arbeit mit den Portfolios ist die vorangegangene Klärung der Zuständigkeiten innerhalb des Teams der Fachkräfte. Gerne zeigen und besprechen die Kinder untereinander ihre „Bildungsmappen" und kommen so mit anderen Kindern ins Gespräch über ihre Vorlieben und ihre Lernwege.

Die Portfolios erleichtern den Planungsprozess: Die Stärken des Kindes werden sichtbar und geben Aufschluss, welche individuellen Bildungsangebote abgeleitet werden können, die Kinder herausfordern, die nächsten Schritte in der Entwicklung zu gehen.

Die Pädagogin lädt jährlich rund um den Geburtstag des Kindes die Eltern zu einem Entwicklungsgespräch in den Kindergarten ein. In angenehmer und störungsfreier Atmosphäre tauschen sich Pädagogin und Elternteile über ihre Beobachtungen der aktuellen Interessen und Tätigkeiten des Kindes aus. Die „Bildungsmappen" der Kinder dienen dabei als Gesprächsgrundlage. Sie bieten einerseits über Fotos und Werke der Kinder einen gelungenen Einstieg in das Entwicklungsgespräch und andererseits dokumentieren sie den Kompetenzzuwachs des Kindes. Ein gemeinsamer positiver Blick auf die Entwicklung des Kindes bestärkt und bereichert die Bildungs- und Erziehungspartnerschaft.

Die Entwicklungsgespräche werden von den Eltern mit Vorfreude erwartet und nur in seltenen Fällen wird dieses Angebot nicht in Anspruch genommen. Entwicklungsgespräche unterstützen die Pädagogin in der Planung ihrer Arbeit, denn sie erfährt eine Erweiterung ihrer Wahrnehmung des Kindes. Durch die Beobachtungen und Einschätzung der Eltern erhält sie einen vertieften Einblick in die Lebenswelt der Kinder und erweitert damit ihre Perspektive. Umgekehrt werden Eltern für die Entwicklung ihres Kindes sensibilisiert und der Blick auf ihr Kind wird bereichert. Am Ende des Gesprächs wird ein Protokoll erstellt, das alle Beteiligten unterschreiben.

Unterwegs auf der Notenspur

Impuls:

Aufgrund des nahenden Mutter- bzw. Vatertags stellen Kinder und Pädagogin gemeinsame Überlegungen an, womit Mama und Papa eine Freude bereitet werden könnte. Auch ein Lied wird ausgewählt und erarbeitet.

Unterwegs auf der Notenspur

Ästhetik/Gestaltung

- Eigene musikalische Ideen entwickeln und klanglich gestalten
- Musikalische Gestaltungsmöglichkeiten erproben und damit improvisieren: Wiederholungen, Refrain, Wechselgesänge …
- Bildnerische Darstellung eines Liedes
- Lieder und kleine Spielszenen vokal und instrumental gestalten
- Bau einfacher Instrumente

Sprache und Kommunikation

- Begriffsbildung (Resonanzkörper …)
- Die eigene Sprech- und Singstimme entdecken
- lustbetonter Umgang mit der Stimme (Atem- und Mundgeräusche, unterschiedliche Sprech- und Singarten)
- Die Liedstrophen als „Liedgeschichte" erzählen
- Liedtext als Kommunikationsanlass nutzen (Meine Mama …)
- Bewusstsein für Sprachrhythmus und lautliche Gestalt der Sprache entwickeln
- Nutzung von Hörmedien durch die Kinder
- Erfahrungen mit Notenzeichen sammeln und eine grafische Notation erstellen

Emotionen und soziale Beziehungen

- Musik als Ausdrucksmöglichkeit eigener Gefühle und Ideen erfahren
- Freude am gemeinsamen Singen und Musizieren entwickeln und Bewusstsein schaffen, dass hierfür Absprachen und ein aufeinander Hören erforderlich sind (Dirigentenrolle übernehmen)
- Akustische Qualitäten und Wirkungen empfinden: Dur und Moll erleben; Was ist mir/anderen angenehm, was ist mir/anderen zu laut?
- Eigene musikalische Vorlieben und ihre Wirkung auf die Gefühlslage erkennen
- Unterschiedliche Klangwirkung von Instrumenten erleben

Bewegung und Gesundheit

- Musik als Quelle der Entspannung erfahren
- Rhythmisch strukturiertes Bewegungsrepertoire (z. B. beim Schaukeln und Wiegen) als positiv und Sicherheit bietend erleben
- Musik in Tanz und Bewegung umsetzen und Körperbewegungen je nach Dynamik, Tempo und Rhythmus verändern
- Bewusster Einsatz von Körperinstrumenten zum Begleiten von Musikstücken und zur Wahrnehmung des eigenen Körpers
- Einsatz von Kraft bei gleichzeitiger Sensibilität im Umgang mit Musikinstrumenten (große Instrumente bereitstellen und wegräumen, laute und leise Geräusche und Töne erzeugen)

Natur und Technik

- Funktionsweise und Bau von Instrumenten bewusst wahrnehmen (Wie entstehen Töne?)
- Einfache akustisch-physikalische Phänomene und Gesetzmäßigkeiten entdecken und erforschen: Erfahrungen mit „Schwingungen" und „Schall" (am eigenen Körper und an Instrumenten)
- Geräusche und Töne im Alltag entdecken
- Musikalisches Experimentieren: Wie verändern sich Töne (verschiedene Schlägel), wie entstehen laute, leise, hohe und tiefe Töne (Größe von Instrumenten)
- Methoden und Techniken zum Verstärken und Verfremden von Stimmen und Tönen kennenlernen
- Gliederung von Musikstücken; Tempo, Takt und Rhythmus erfahren
- Grundelemente der Musik mathematisch beschreiben (Takt mitzählen, Lied einzählen)
- Rhythmen erfassen und wiedergeben

Ethik und Gesellschaft

- Aufgaben eines Orchesters und von Dirigenten kennenlernen und erproben
- Begegnung mit der tradierten Notenschrift (Notenblätter …)
- Notenschriften als Kulturgut schätzen
- Kennenlernen der benachbarten Musikschule
- ExpertInnen (MusikerInnen bzw. MusikschülerInnen) stellen ihr Instrument vor

Emotionen und soziale Beziehungen

- Musik als Ausdrucksmöglichkeit eigener Gefühle und Ideen erfahren
- Freude am gemeinsamen Singen und Musizieren entwickeln und Bewusstsein schaffen, dass hierfür Absprachen und ein aufeinander Hören erforderlich sind (Dirigentenrolle übernehmen)
- Akustische Qualitäten und Wirkungen empfinden: Dur und Moll erleben; Was ist mir/anderen angenehm, was ist mir/anderen zu laut?
- Eigene musikalische Vorlieben und ihre Wirkung auf die Gefühlslage erkennen
- Unterschiedliche Klangwirkung von Instrumenten erleben

Im Klangstudio singen Kinder mit Gitarrenbegleitung durch die Pädagogin das Muttertagslied. „Das Muttertagslied klingt lustig", meint Jana. „Ich kann das traurig singen", wirft Julia ein und beginnt sogleich, langsam und mit weinerlicher Stimme zu singen. Jana muss lachen. Maxi kennt auch ein trauriges Lied. Die Pädagogin greift das Gespräch der Kinder auf und spielt ihnen auf der Gitarre Dur- oder Moll-Kadenzen vor bzw. variiert den Rhythmus der Stücke. Die Kinder sprechen gerne über die unterschiedlichen Wahrnehmungen beim Hören. „Machen wir gemeinsam einmal traurige Musik!" schlägt Julia vor. Die Pädagogin schlägt Moll-Akkorde an und Jana, Julia und Maxi begleiten sanft und leise mit Orff-Instrumenten. Im Anschluss wird eine lustige Musiksequenz gespielt. „Und ich kenne ein Müde-Lied!" ruft Tim begeistert. Stolz singt er sein „Gute-Nacht-Lied" vor.

Im Klangstudio befinden sich Musik-CDs unterschiedlicher Musikrichtungen. Angeregt von der Erfahrung mit den gehörten und gespielten Stücken, versuchen die Kinder der Musik auf den CDs Stimmungen und Gefühle zuzuordnen. Luisa gefällt Mozart: „Das finde ich lustig. Ich höre genau die Flöte, das gefällt mir, weil es fröhlich klingt."

Eine Unterhaltung über Musikvorlieben der Eltern entsteht. „Meine Mama hat 1000 CDs" und „Im Auto hören wir immer Radio und dann pfeift der Papa mit … das ist lustig!" ,erzählen die Kinder aufgeregt. Tims Bruder ist selbst Musikant: „Wenn mein Bruder Ziehharmonika spielt, klingt es auch immer lustig!" „Und die Oma hört voll laut Radio!", erzählen die Zwillinge, „da müssen wir uns die Ohren zuhalten – so laut ist das!"

Bei den Proben für die Muttertagsfeier übernehmen unterschiedliche Kinder die Rolle des Dirigenten. Dabei gilt es darauf zu achten, dass sich die musizierenden Kinder an die Anweisung halten, ihren Einsatz beachten und ihr Instrument gefühlvoll spielen. Bei der Feier selbst kann allerdings nur ein Kind der Dirigent sein. Es wird beraten, wer diese verantwortungsvolle Rolle übernehmen soll. Bei der Abstimmung wird Luisa zur Dirigentin gewählt, sie leitet die Instrumentengruppe bei der Aufführung. Sie ist stolz und freut sich über das ihr geschenkte Vertrauen. Sehr konzentriert erteilt sie Einsätze, hält den Blickkontakt zu den Kindern und achtet auf die Lautstärke der einzelnen Instrumente.

Während einer Probe zeichnet die Pädagogin den Gesang der Kindergruppe mit dem Diktiergerät auf. Beim Vorspielen der Aufzeichnungen sind die Kinder überrascht. Nico ruft: „Da singen ja wir! Wie hast du das gemacht?" Die Pädagogin zeigt und erklärt die Funktion des Diktiergeräts. Einzelne Kinder möchten ihre eigene Stimme aufnehmen und wieder hören. „Das bin wirklich ich?", fragt Hanna, „Meine Stimme klingt bei mir anders." Die Pädagogin versucht zu erklären, dass in der Eigenwahrnehmung aufgrund der Position der Ohren und der Vibration der Stimmbänder im Hals die eigene Stimme im Körper anders klingt, als andere sie wahrnehmen.

Als Geschenk für den Vatertag wird ein Lied mit dem Diktiergerät aufgenommen und als Audiodatei via E-Mail in Absprache mit den Kindern an die Familien übermittelt. Schon während der Vorbereitungstätigkeiten für die Aufnahme sind die Kinder aufgeregt. Manche erleben „Lampenfieber" und versingen sich, andere müssen kichern.

Das „Geheimnis" wird bis zum Versenden der E-Mails gut gehütet, nur einzelne Kinder teilen ihr Wissen schon im Vorfeld mit der Mama. Als es endlich so weit ist und die Lieder angekommen sind, berichten die Eltern gerührt von der gelungenen Überraschung.

Kinder diskutieren über ihren Musikgeschmack und ihre Lieblingslieder. Die Pädagogin schlägt vor, dass jedes Kind seine Lieblingsmusik mitbringen kann. In Kleingruppen genießen die Kinder die mitgebrachte Musik. Kinderlieder, Popmusik, Musik aus anderen Ländern, Schlager und auch klassische Musik halten Einzug in das Klangstudio. Die Kinder singen mit, tanzen und begleiten ihre Lieblingslieder mit den vorhandenen Instrumenten. Beim Abspielen der Musik gelangen die Kinder zur Erkenntnis, dass der CD-Player für manche zu leise und für andere zu laut eingestellt ist. Immer wieder wird über die für alle passende Lautstärke diskutiert. Die Pädagogin legt die maximale Lautstärke fest und begründet diese Regel mit dem Schutz des Gehörs.

„Wir möchten gern Malen. Dürfen wir da auch Musik hören?", fragen einige Mädchen. Die Pädagogin unterstützt diesen Wunsch und bringt den CD-Player in den Malbereich. Zur Musik summend und mit schwungvoller Handführung entstehen großflächige Bilder.

Ethik und Gesellschaft

- Aufgaben eines Orchesters und von Dirigenten kennenlernen und erproben
- Begegnung mit der tradierten Notenschrift (Notenblätter ...)
- Notenschriften als Kulturgut schätzen
- Kennenlernen der benachbarten Musikschule
- ExpertInnen (MusikerInnen bzw. MusikschülerInnen) stellen ihr Instrument vor

Beim gemeinsamen Singen und Musizieren mit Orff-Instrumenten erleben die Kinder, dass die Pädagogin den Einsatz für die Instrumente gibt. Sie überträgt die Rolle des Dirigenten auch an Kinder und erklärt die damit verbundenen Aufgaben. Ein Kind berichtet von einem Konzert, wo ein Dirigent ein großes Orchester geleitet hat. Ein angeregtes Gespräch über die Zusammensetzung eines Orchesters und die Aufgaben eines Dirigenten entsteht: „Ein Dirigent muss die Musikstücke genau kennen und den Einsatz der Instrumente anzeigen." Aus einem Sachbuch entnehmen die Kinder, aus welchen Instrumenten ein Sinfonieorchester besteht. „Aber in der Blasmusikkapelle spielen andere Instrumente", bringt Phillip ein. Auch Orchestermusik wird den Kindern zur Verfügung gestellt und CDs werden im Klangstudio ergänzt. Auch das „Kindergartenorchester" wird mit dem Diktiergerät aufgenommen und von den Kindern beim Anhören „mitdirigiert".

Die Pädagogin spielt mit der Flöte aus einem Liederbuch vor. Die Kinder hören zu, einige sehen interessiert auf das Notenblatt. „Da steht, was du spielen musst?", fragt Tim. Die Pädagogin erklärt, dass Lieder in Noten auf Notenzeilen geschrieben werden.

„Wenn der Ton hoch ist, ist der Punkt hoch oben auf der Zeile", weiß Henry. Er spielt selbst nämlich auch Flöte. Die Pädagogin zeigt den Kindern verschiedene Liederbücher. Die Kinder blättern darin, vergleichen die „Kugeln und Fahnen" und entdecken immer wieder neue Symbole der Notenschrift. Bald zeichnen die ersten Kinder eigene Noten, Camila benötigt ein leeres Notenblatt von der Pädagogin. Sie möchte Noten schreiben und erklärt: „Wenn da ein Fähnchen bei der Note dabeisteht, musst du schneller spielen." Die Pädagogin klatscht gemeinsam mit Camila die aufgeschriebenen Notenwerte nach. Auf Einladung besuchen MusikerInnen aus der benachbarten Musikschule den Kindergarten. Sie stellen ihre Instrumente vor und beantworten die Fragen der Kinder. Bekannte Musikstücke werden gespielt und die Kinder eingeladen, mitzusingen.

Die SeniorInnen besuchen donnerstags den Kindergarten. Sie bewundern die selbst gemachten Musikinstrumente der Kinder und wollen wissen, wie sie klingen. Gerne spielen die Kinder darauf vor. Die Pädagogin lädt die SeniorInnen ein, mitzuspielen und übergibt ihnen Instrumente. Das gemeinsame Singen, Spielen und Dirigieren erfreut alle gleichermaßen.

Sprache und Kommunikation

- Begriffsbildung (Resonanzkörper …)
- Die eigene Sprech- und Singstimme entdecken
- lustbetonter Umgang mit der Stimme (Atem- und Mundgeräusche, unterschiedliche Sprech- und Singarten)
- Die Liedstrophen als „Liedgeschichte" erzählen
- Liedtext als Kommunikationsanlass nutzen (Meine Mama …)
- Bewusstsein für Sprachrhythmus und lautliche Gestalt der Sprache entwickeln
- Nutzung von Hörmedien durch die Kinder
- Erfahrungen mit Notenzeichen sammeln und eine grafische Notation erstellen

Beim regelmäßigen und gemeinsamen Singen erleben die Kinder ihre Stimme als elementares und persönliches Musikinstrument. Das Spiel mit Tönen, die Variation von Tonlage und Lautstärke, das Spiel mit Atem- und Mundgeräuschen sowie Dialoge in Rufterzen zwischen Pädagogin und Kindern fördern einen erfinderischen Umgang mit ihrer Stimme.

Das gemeinsame Singen wird von den Pädagoginnen mit Musikinstrumenten wie Gitarre, Ziehharmonika, Flöte oder Saxophon begleitet. Immer wieder interessieren sich Kinder für die Funktion und die einzelnen Bauteile der Instrumente und lernen neue Begriffe und Bezeichnungen kennen (Holzblasinstrumente, Blechblasinstrumente, Rohrblatt, Resonanzkörper, Saiten, Stege, Blasebalg …)

Bei Aufnahmen der eigenen Stimme mit einem Diktiergerät haben die Kinder großen Spaß. Die eigene Stimme klingt fremd und ein Ratespiel entsteht. Aufnahmen mit verstellter Stimme und das Verzerren mit Schnelldurchlauf oder extremer Verzögerung wecken das Interesse, sich mit der eigenen Stimme und Stimmlage auseinanderzusetzen. „Meine Stimme ist viel höher als deine", stellt Luisa fest, „und die von meinem Papa ist ganz tief!". Auch Proben des Muttertagsliedes werden mit dem Diktiergerät aufgezeichnet. Sowohl der gesprochene Text als auch das gesungene und mit Instrumentalspiel begleitete Lied werden aufgenommen und können von den Kindern selbstständig im Klangstudio wiedergegeben und angehört werden.

Bei der Erarbeitung des Muttertagsliedes entstehen angeregte Gespräche: Die einzelnen Textpassagen werden besprochen und ein Bezug zur eigenen Mama wird hergestellt. Persönliche Merkmale und Eigenschaften der Mütter, Vorlieben und Dinge, die Mama gar nicht mag, werden diskutiert. Auch über das Alter der Mama tauschen die Kinder sich aus und Vermutungen werden geäußert. Schon in der Abholsituation gibt es daher unzählige „liedanlassbezogene" Fragen an die Mama. Im Morgenkreis an den folgenden Tagen ist es einigen Kindern ein Anliegen, nochmals ausführlich die eigene Mama zu beschreiben.

Im Rahmen der Liedtexterarbeitung stoßen die Kinder auf Reimwörter. „He, das reimt sich! Sonnenklar – war!", ruft Henry begeistert. Schon wird der Liedtext auf weitere Reimwörter untersucht und zusätzlich werden eigene – zum Teil Nonsenswörter – gefunden.

Im Rollenspiel spiegeln sich die Gesprächsthemen rund um „Mutter sein" und Familienleben. Camila stellt eine Puppe aus Karton her und gestaltet sie mit Sammelmaterialen detailliert aus. Im Spiel übernimmt sie die Rolle der liebevollen und umsorgenden Mutter, die ihr Tun für das Puppenkind sprachlich begleitet, Wiegenlieder singt und Geschichten „vorliest". Angeregt durch ihr Spiel gesellen sich weitere Puppenmütter dazu. Jede Puppenmutter bringt Spielideen ein, eine Reihenfolge muss diskutiert werden: Eine Puppenwagenfahrt ins Grüne mit anschließendem gemeinsamen Picknick wird geplant. Die Mädchen treffen eine Aufgabenverteilung, und so sind die erforderlichen Utensilien bald vorbereitet und der Ausflug kann beginnen.

Felix möchte für Mama eine Karte schreiben. Er überlegt sich einen Text und bittet die Pädagogin, diesen zu schreiben. Er diktiert den Inhalt und beobachtet die Pädagogin während des Schreibens. „Das heißt Mama, das weiß ich. Ich habe schon oft Mama geschrieben." ,stellt er fest.

Felix möchte den Text auch selbst schreiben. Buchstabe für Buchstabe überträgt er auf ein Blatt Papier, verziert das Werk schließlich mit Herzen und Blumen. Felix erntet Bewunderung von seinen Freunden, als seine Karte fertiggestellt und von ihm vorgelesen wird.

Für die Muttertagsfeier bereitet die Pädagogin Ausdrucke des Liedtextes vor. Maria, Nina und Jakob betrachten den Text und können das Wort „Mama" erkennen. „Schau, da steht *Mama*!", entdeckt Maria. Die Pädagogin gibt jedem Kind ein Blatt und eifrig werden Buchstaben gesucht und gleiche farbig markiert. Camila und Henry beobachten die drei, stellen für sich aber fest, dass „das kein Lied sein kann, weil ja die Noten fehlen". Die beiden kennen nämlich vom Flötenunterricht Notenzeichen. Sie bitten die Pädagogin um das Liederbuch und übertragen einzelne Noten auf das Textblatt.

Bewegung und Gesundheit

- Musik als Quelle der Entspannung erfahren
- Rhythmisch strukturiertes Bewegungsrepertoire (z. B. beim Schaukeln und Wiegen) als positiv und Sicherheit bietend erleben
- Musik in Tanz und Bewegung umsetzen und Körperbewegungen je nach Dynamik, Tempo und Rhythmus verändern
- Bewusster Einsatz von Körperinstrumenten zum Begleiten von Musikstücken und zur Wahrnehmung des eigenen Körpers
- Einsatz von Kraft bei gleichzeitiger Sensibilität im Umgang mit Musikinstrumenten (große Instrumente bereitstellen und wegräumen, laute und leise Geräusche und Töne erzeugen)

In der Rhythmik erfahren die Kinder Umsetzung von Bewegung in Musik bzw. Sprache. Bewegungsrhythmen werden geklatscht und schließlich auf Instrumente übertragen. Die Kinder machen dabei Zeiterfahrungen: sie erleben, dass Musik kurz oder lang dauern und schnell oder langsam sein kann. Nico und Philipp übertragen das Erlebte im Freispiel und bauen im Garten einen „Schnell-Langsam-Parcours" auf. Fußballtore werden gekippt und aneinandergereiht. Die Buben erklären der Pädagogin: „Einer klatscht vor und der andere muss sich so über die Tore bewegen." Nico klatscht langsam, als sich Philipp hüpfend über den Parcours bewegt. Philipp dagegen klatscht sehr schnell und Nico läuft. Die beiden möchten, dass die Pädagogin mitmacht. Die Buben beraten sich und klatschen für sie sehr langsam.

Die Pädagogin begleitet ihr Stapfen mit Lauten. Nico und Philipp sind begeistert, andere Kinder kommen interessiert hinzu. „Stellt euch in einer Reihe an, damit jeder weiß, wann er drankommt", teilt Nico jene ein, die mittun möchten.

Christoph, Nico und Lukas liegen in der Korbschaukel und genießen die Schaukelbewegung. „Hoch! Tief! Hoch! Tief!", singt Christoph manchmal mit. Die Pädagogin übernimmt seinen „Sing-Sang", steigt auf die Schaukel und schaukelt die Buben an.

Die aktive Teilnahme der Pädagogin lässt die Kinder das Schaukeln intensiv erleben.

Die umfangreiche CD-Sammlung im Klangstudio erweckt das rege Interesse der Kinder. Es wird aktiv getanzt und mitgesungen, aber die gemütliche Ausstattung lädt auch zum Verweilen, Ruhen und Genießen ein. Ein „Bitte nicht stören"-Schild wird an die Türe geheftet und in kuscheligen, von den Kindern gebauten „Nestern" offensichtlich entspannt der Musik gelauscht.

Marie, Caitlin, Jasmin und Sarah spielen im Bewegungsraum: „Einer macht Musik und wir müssen uns bewegen." Sie verwendet dafür die Handtrommel. Marie gibt mit dem Trommelspiel das Tempo der Bewegung vor und unterbricht plötzlich.

Die Mädchen bleiben erstarrt stehen und eine vollständige Körperanspannung ist wahrnehmbar. Im weiteren Verlauf des Spiels bleiben sie aufmerksam und konzentriert und folgen dem Wechsel zwischen Spannung und Entspannung.

Das Muttertagslied wird mit unterschiedlichen Körperinstrumenten begleitet. Manche Körperinstrumente können einfach gespielt werden, andere fallen schwer. „Ich kann nicht schnipsen.", stellt Alexander traurig fest, „Man hört gar nichts". Henry zeigt Alexander, wie bei ihm das Geräusch entsteht, und schnalzt gleichzeitig zum Schnipsen mit der Zunge. Alexander versucht ihn zu imitieren und es gelingt ihm nach einigen Versuchen. Einigen Kindern gelingt die Kombination verschiedener Körperinstrumente im Rhythmus.

Für das Ausspielen einer Klanggeschichte müssen Instrumente bereitgestellt werden. Die Kinder kennen die Regeln im Umgang mit den Instrumenten und wissen über Transport und Aufbau Bescheid. Nach dem Erzählen der Geschichte ordnen Pädagogin und Kinder die Instrumente und Klänge zu. Abgestimmt auf den Inhalt der Erzählung werden die Instrumente in unterschiedlicher Lautstärke eingesetzt und der Krafteinsatz beim Musizieren daher entsprechend dosiert.

Ästhetik und Gestaltung

- Eigene musikalische Ideen entwickeln und klanglich gestalten
- Musikalische Gestaltungsmöglichkeiten erproben und damit improvisieren: Wiederholungen, Refrain, Wechselgesänge …
- Bildnerische Darstellung eines Liedes
- Lieder und kleine Spielszenen vokal und instrumental gestalten
- Bau einfacher Instrumente

Zur Erarbeitung des Muttertagsliedes lädt die Pädagogin die Kinder ein, die einzelnen Liedteile mit Körperinstrumenten zu begleiten. Loreen kann schon schnipsen und Luisa möchte klatschen. Vorerst werden die einzelnen Körperinstrumente von allen gemeinsam „gespielt" und erprobt, dann wählt jedes Kind sein bevorzugtes aus und begleitet zum Rhythmus des Liedes. Maxi hat eine Idee: Der immer wiederkehrende Teil (Refrain) könnte von allen gleich „gespielt", also geklatscht, werden und der Rest von jedem so begleitet, wie er möchte. Die Pädagogin greift die Idee auf und teilt die Kinder in drei Gruppen ein: eine Klatsch-, eine Stampf- und eine

Patschgruppe, die in unterschiedlichen Liedteilen bzw. Strophen ihren Einsatz finden. Maxi möchte das Körpermusikorchester dirigieren: Ein abwechslungsreiches und lustvolles Musizieren mit Wechselgesängen entsteht.

Ausgehend vom Inhalt des Liedes und den Gesprächen über „meine Mama" malen und gestalten die Kinder Bilder ihrer Mütter. Die Besonderheiten und Merkmale werden dabei detailliert dargestellt. Zum Teil entstehen Collagen, wobei aus Prospekten Abbildungen mit Bezug zur Mama (Haustiere, Schmuck, Lieblingsfarben, Lieblingsblumen, …) ausgeschnitten und den Bildern hinzugefügt werden.

Schon im Vorfeld zu den Proben für die Muttertagsfeier stellt die Pädagogin Orff-Instrumente zum Experimentieren im Klangstudio zur Verfügung. Die Pädagogin zeigt den Kindern die Handhabung der Instrumente und regt sie an, deren Klänge zu erkunden. Es entstehen Klangspiele zu selbst erfundenen Melodien, bekannte Gedichte und Verse werden als Sprechgesänge rhythmisch begleitet und bereits bekannte Lieder gesungen und instrumental untermalt. Julia und Loreen erzählen einander eine Geschichte, die sie mit den Instrumenten ausgestalten. Für die Muttertagsfeier wird der Einsatz der Orff- und Körperinstrumente festgelegt und ein abgestimmtes, gemeinsames Musizieren in der Gruppe erprobt.

Der ortsansässige Tischler stellt immer wieder Holzreste zur Verfügung und liefert diese in den

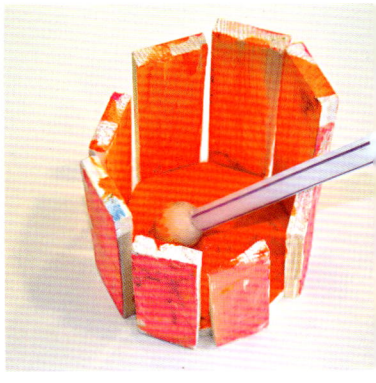

Kindergarten. Die Reste sind von unterschiedlicher Größe und Form. Emsig sortieren Camila, Jasmin, Lara-Marie, Hanna und Nina die Holzstücke. Einige sind zu groß für die Aufbewahrungskiste und müssen zurechtgeschnitten werden. Ausgehend von den Erfahrungen mit den Orff-Instrumenten entsteht der Wunsch, selbst ein Musikinstrument aus Holz herzustellen. Hier wird die ko-konstruktive Grundhaltung der Pädagogin deutlich: Sie nimmt Ideen und Interessen der Kinder ernst und steuert Bildungsprozesse nicht alleine.

Sie sichtet mit den Kindern das Instrumentarium, gemeinsam wird überlegt, was zum Nachbau geeignet ist. Die Rührtrommel und die Holzblocktrommel werden ausgewählt und die dafür notwendigen Bauteile besprochen. Die Instrumente dienen als „Muster": Hanna und Camila übertragen die Grundrisse auf Holz und vermessen die Länge der einzelnen Bauteile. Der kreative Umgang mit Material, handwerkliche Fertigkeiten viel Ausdauer ermöglichen den Mädchen letztlich ein selbst hergestelltes Instrument und ein klangliches Erlebnis.

Natur und Technik

- Funktionsweise und Bau von Instrumenten bewusst wahrnehmen (Wie entstehen Töne?)
- Einfache akustisch-physikalische Phänomene und Gesetzmäßigkeiten entdecken und erforschen: Erfahrungen mit „Schwingungen" und „Schall" (am eigenen Körper und an Instrumenten)
- Geräusche und Töne im Alltag entdecken
- Musikalisches Experimentieren: Wie verändern sich Töne (verschiedene Schlägel), wie entstehen laute, leise, hohe und tiefe Töne (Größe von Instrumenten)
- Methoden und Techniken zum Verstärken und Verfremden von Stimmen und Tönen kennenlernen
- Gliederung von Musikstücken; Tempo, Takt und Rhythmus erfahren
- Grundelemente der Musik mathematisch beschreiben (Takt mitzählen, Lied einzählen)
- Rhythmen erfassen und wiedergeben

Jedes Teammitglied bringt gezielt eigene Fähigkeiten und Talente in den pädagogischen Alltag ein. Neben der Gitarre beherrschen die Kolleginnen auch weitere Musikinstrumente: Vom Spiel mit dem Saxophon über die Ziehharmonika bis zu Block- und Altflöten bereichern sie den Kindergartenalltag. Die Kinder erhalten so immer wieder die Möglichkeit, Musikinstrumente und die unterschiedlichen Funktionsweisen kennenzulernen. Sie machen die Erfahrung, dass Instrumente aus unterschiedlichen Materialien bestehen und die Klangerzeugung je nach Instrumentengruppe und Gattung verschieden ist.

Lara-Marie, Hannah und Felix wollen wissen, wofür „das Loch in der Gitarre ist". Die Pädagogin erklärt, dass die Saiten der Gitarre schwingen und diese Schwingungen durch den Korpus des Instruments verstärkt, also lauter werden. Das Loch in der Gitarre nennt sich Schallloch und ermöglicht, dass die Töne laut und deutlich hörbar werden. Jedes der drei Kinder probiert nun die Gitarre für sich aus und spürt die Schwingungen am Körper.

Eine Kindergartenpädagogin in Ausbildung, die ihre Praxiswochen absolviert, stellt ihr Musikinstrument „Harmonika" vor.

Luisa stellt fest: „Der flauschige Schlägel macht weiche Musik." Die Klangstäbe des Orff-Instrumentariums werden der Größe nach sortiert und auf ihren Klang untersucht. „Je länger das Holz, desto tiefer klingt es", lautet das Ergebnis des Experimentierens.

Camila, Jasmin, Lara-Marie, Hanna und Nina bauen an der Werkbank Rührtrommeln. Die Mädchen orientieren sich an einem Modell. Sie messen das Modell ab und suchen geeignete Bauteile. Sie zeichnen Grundrisse, sägen, schleifen und prüfen die Einzelteile auf deren Klang. Sie nummerieren die zugeschnittenen Teile, um diese dann in der Reihenfolge anzuleimen. Hanna erklärt: „Jedes Holz klingt anders, je nachdem, wie lange und dick es ist." Camila zeichnet unterdessen die Grundfläche der Rührtrommel von dem Muster ab und stellt dabei fest: „Das ist ein Achteck, es hat acht Ecken und Kanten." Um das Achteck auszuschneiden, unterstützt die Pädagogin die Mädchen bei der Arbeit mit der Stichsäge.

Hanna möchte ihre Teile ganz glatt haben, sie benutzt die Feilen und das Schleifpapier, um die Oberfläche zu verfeinern. Die Anordnung und das Festleimen der einzelnen Hölzer erfolgt je nach Länge, wobei sich die Mädchen an ihrer Nummerierung orientieren. Camila ist fertig und überlegt, woraus sie den Schlägel fertigen kann. Sie entscheidet sich für ein Stück eines steifen Plastikschlauchs, auf dem sie eine Holzkugel befestigen möchte. Sie bittet die Pädagogin um Unterstützung mit der Heißklebepistole. Nina dagegen fertigt ihren Schlägel aus einem Schaschlikspieß und einer Holzkugel. Im Mittagskreis präsentieren sie stolz ihre Werke und lassen sie erklingen. Nicht alle Rührtrommeln klingen gleich. Die Mädchen erklären den Zusammenhang zwischen der Stärke und Länge des Holzes, der Holzart und dem Klang. „Weiches Holz klingt dumpfer als Hartholz", ergänzt Jasmin.

Einige Kinder nutzen die Tage darauf, um ebenso die Klangunterschiede des Holzes zu erproben. Sie sortieren Hölzer nach Länge, Stärke und Holzart. „Warum ist Hartholz so hart?", fragt Henry. Die Pädagogin erklärt, dass Hartholz langsamer wächst und dadurch dichtere Fasern ansetzt. „Was ist alles Hartholz?", will Henry genauer wissen. Die Pädagogin sucht im Lexikon gemeinsam mit ihm nach Antworten.

Bei einem Ausgang in den nahe gelegenen Wald hält Henry nach Hartholzbäumen Ausschau. Die Unterschiede bei Baumrinden und Blättern, Baumkronen und Wurzeln interessieren ihn. Mit der Digitalkamera fotografieren er und auch andere Kinder verschiedene Baumarten. Die Fotoausdrucke werden im Kindergarten sortiert, beschriftet und in einer Mappe gesammelt.

Sie gibt den Kindern Sachinformationen über Bau und Funktionsweise, spielt den Kindern Musikstücke vor und lässt die Kinder die Luftausstöße spüren. Beim Vorspiel hören die Kinder, dass die Praktikantin den Takt einzählt. Durch die Nachfrage der Kinder, warum sie vor dem Musizieren zählt, entsteht ein Gespräch über Takte. Gemeinsam werden Rhythmen in verschiedenen Takten geklatscht und geklopft. Die angehende Pädagogin spielt auch Musikstücke in verschiedenen Taktarten vor, um den Unterschied zu verdeutlichen.

Beim Spiel mit Orff-Instrumenten experimentieren die Kinder mit unterschiedlichen Schlägeln. Jene mit Filzkopf ergeben eine andere Lautstärke und Klangfarbe als jene mit einem Holzkopf.

Noch über einen längeren Zeitraum werden die eigenen Fotos mit den Bildern im Naturlexikon verglichen.

Luisa steht im Garten und horcht. Ein ihr unbekanntes Geräusch erregt ihre Aufmerksamkeit. „Hör mal! Woher kommt das?", fragt sie Loreen. „Da singt eine Grille", weiß Loreen. Die beiden Mädchen möchten das singende Tier ansehen. Dafür legen sie sich in die Wiese und folgen dem Geräusch bis zum Loch in der Erde. Interessiert verharren sie vor dem Loch, aus dem plötzlich eine Grille zum Vorschein kommt. Die Mädchen sind aufgeregt und rufen die Pädagogin herbei. Als diese zu ihnen kommt, ist die Grille wieder verschwunden. „Können wir ein Haus für die Grille bauen?", fragt Luisa. Die Pädagogin erklärt, dass Grillen in der Erde wohnen. Sie schlägt stattdessen vor, ein Insektenhotel herzustellen. Gemeinsam werden Baupläne gesucht und dabei wird auch einer für ein „Hummelhaus" gefunden. Loreen beschließt, ein solches herzustellen, Luisa assistiert ihr.

Inspiriert vom Einsatz verschiedener Musikinstrumente der Pädagoginnen beim gemeinsamen Singen und Musizieren sowie in der Rhythmik verwenden Henry und Camila die Schläuche, die für Wasserspiele vorbereitet sind, als Flöten. Die beiden experimentieren und haben sichtlichen Spaß. Dabei entdecken sie, dass je nach Schlauchlänge und Durchmesser unterschiedliche

Geräusche entstehen und die eigene Stimme durch den Schlauch gesprochen oder gesungen „seltsam" klingt. Henry stellt fest, dass der Schlauch für eine Flöte zu lang ist, und kürzt diesen entsprechend. Außerdem bohrt er Grifflöcher hinein.

Camila füllt Wasser in den Schlauch, experimentiert und stellt einen Vergleich mit einer „Wasserwaage" her. Leider entrinnt an den Schlauchenden das Wasser wieder. Die Pädagogin schlägt vor, die Enden mit Schraubverschlüssen abzudichten. Gemeinsam befestigen sie diese mit der Heißklebepistole und einem weiteren Experimentieren steht nichts mehr im Wege.

Da sind wir daheim

Impuls:

Auf unterschiedliche Weise gelangen die Kinder in den Kindergarten. Von Erlebnissen auf dem Weg, der mit Auto, Bus, Fahrrad oder zu Fuß zurückgelegt wird, gibt es fast täglich etwas zu berichten. Erkundungsgänge innerhalb des Gemeindegebietes regen zum bewussten Wahnehmen von Natur und Kultur an und erfordern Übung im sicheren und richtigen Verhalten im Straßenverkehr.

Da sind wir daheim !

Ästhetik/Gestaltung

- Schönes in der Umgebung entdecken: Natur und Kultur wahrnehmen, genießen und sich daran erfreuen
- Postkarten mit Ansichten der Gemeinde entwerfen
- Eigene Karte der Gemeinde erstellen und relevante Gebäude und Straßen eintragen
- Gemeindememory erstellen
- Das Gemeindewappen malen

Sprache und Kommunikation

- Symbol- und Bildsprache im öffentlichen Raum wahrnehmen und verstehen (Verkehrsschilder, Firmenlogos, Gemeindewappen ...)
- Spielerische Erfahrungen mit Schreiben und Schrift (Rollenspiele „Post", „Polizei")
- Interesse an Literatur durch Besuche der öffentlichen Bibliothek ausbauen
- Geschichten und Sagen aus der Region kennenlernen
- Umgang mit Distanz- und Vergleichsbegriffen wie näher – ferner, größer – kleiner
- Funktion der Zahlen als Ziffern zur Kodierung und Unterscheidung erkennen (Telefonnummern, Postleitzahl ...)
- Ratequiz rund um die Gemeinde entwickeln (Fragen formulieren, Antworten finden)

Emotionen und soziale Beziehungen

- Nachbarschaftspflege erfahren und sich als aktives Mitglied einer Gemeinschaft wahrnehmen
- Eigenes Wohlbefinden und eigene Identität beschreiben: „Ich zeige dir mein Zuhause"
- Sich in der Rolle des „Fremdenführers" für eine Gemeinschaft von Kindern mitverantwortlich fühlen, sich in andere hineinversetzen und auf Fragen eingehen

Bewegung und Gesundheit

- Bewegungseinheit „Straßen, Wege und Fortbewegungsmittel"
- Gesundheitseinrichtungen im Umfeld kennenlernen
- Lust an Bewegung haben und Bewegungsherausforderungen meistern („weite" Strecken zurücklegen, bergauf gehen ...)

Natur und Technik

- Raumorientierung: Wege beschreiben und Lagepläne benutzen, Gemeindegrenzen und Ortsteile kennenlernen
- Grundverständnis von Relationen und Maßstäben
- Gemeindeerkundung und Festhalten besonderer Orte auf der Landkarte
- Formen entdecken und beschreiben (Hausformen, Formen von Gebäudeteilen ...)
- Ordnungsrahmen in der Gemeinde entdecken (Hausnummern, Postleitzahl ...)
- Pflanzenvielfalt in der Gemeinde wahrnehmen
- Funktion von Reflektoren für die Sicherheit im Straßenverkehr erkunden

Ethik und Gesellschaft

- Das Wohnumfeld kennenlernen
- Auseinandersetzung mit Wappen und Fahnen
- Organisation des Zusammenlebens in einer Gemeinde: Verkehrs- bzw. Nachbarschaftsregeln ....
- Heimatorterkundung aus Perspektive der Kinder
- Öffentliche Gebäude und deren Zweck erfahren
- Arbeitspatz der Eltern kennenlernen

Emotionen und soziale Beziehungen

- Nachbarschaftspflege erfahren und sich als aktives Mitglied einer Gemeinschaft wahrnehmen
- Eigenes Wohlbefinden und eigene Identität beschreiben: „Ich zeige dir mein Zuhause"
- Sich in der Rolle des „Fremdenführers" für eine Gemeinschaft von Kindern mitverantwortlich fühlen, sich in andere hineinversetzen und auf Fragen eingehen

Neben dem Kindergarten befindet sich ein Seniorenwohnheim. Kindergartenkinder und SeniorInnen pflegen regelmäßigen Kontakt, wobei stets alle Beteiligten selbst entscheiden, ob sie an der Begegnung teilhaben möchten und wie weit sie sich einbringen. Kleine Aufmerksamkeiten, gemeinsames Musizieren, Spielen und Erzählen sowie das gemeinsame Feiern von Festen bereichern die Nachbarschaft. Die Begegnungen werden gemeinsam vom Team des Kindergartens und den Betreuerinnen und Betreuern des Seniorenwohnheims inhaltlich und organisatorisch geplant, vorbereitet und reflektiert.

Auch die Ausgänge in die Bibliothek werden mit großer Vorfreude erwartet. An fixen Bibliothekstagen begeben sich interessierte Kinder in die nahe gelegene Bibliothek, die örtlich im Schulgebäude untergebracht ist. Die Begegnungen mit den Schulkindern sind aufregend: Es wird vorgelesen, Buchtipps werden weitergegeben und manchmal trifft man Freunde aus dem vergangenen Kindergartenjahr.

Bei Ausgängen in die Nachbarschaft achten die Kinder auf Verkehrsregeln und verantwortungsvolles Verhalten am Gehsteig. Beim Wechseln der Straßenseite übernehmen Kinder Mitverantwortung und erinnern einander an Straßenverkehrsregeln. Auch an „gefährlichen" Stellen weisen sie einander darauf hin, aufzupassen wie „Pass auf, da liegt ein Ast!" oder „Steig bitte nicht auf den Regenwurm!". Xaver sieht, dass einige Kinder beim Spazieren zappeln. Er sorgt sich und warnt: „Das ist der Gehweg, kein Hüpfweg! Sonst fällst du auf die Straße."

Bei Spaziergängen durch das Ortsgebiet erklären die Kinder einander, welche Gebäude am Straßenrand zu sehen sind. Die Pädagogin greift die Situation auf und stellt einen Zusammenhang zu einem „Fremdenführer" her. Sie selbst schlüpft in die Rolle einer Fremdenführerin, benennt die Gebäude und erzählt eine kurze Geschichte über die Feuerwehr im Ort. Die Kinder sind begeistert. „Morgen will ich Fremdenführerin sein", ruft Valentina. Die Pädagogin schlägt vor, dass Valentina die Gruppe zu sich nach Hause führt. Die Buben freuen sich, weil sie wissen, dass Valentinas Papa Traktoren besitzt. Die Pädagogin stimmt mit den Eltern den Besuch ab und schon an einem der darauffolgenden Tage übernimmt Valentina die „Reiseleitung" und erklärt Besonderheiten auf ihrem Weg nach Hause.

Die Kinder erzählen, wie sie in den Kindergarten gebracht werden. Der Weg wird zu Fuß, mit dem Fahrrad, mit dem Auto oder mit dem Kindergartenbus zurückgelegt. Begeistert berichten die Kinder auch von ihrem Zuhause und ihrer Familie. Sie zählen auf, wer zu Hause wohnt: „Bei uns daheim wohnen Mama, Papa und ich." Laura erzählt: „Bei uns wohnen mehr. Mama, Papa, drei Schwestern, ein Bruder und ich." Sandra bringt ein: „Bei mir wohnt meine Oma auch im Haus."

Sie holt ihr Portfolio, in dem Bilder ihrer Familienmitglieder und Zeichnungen ihres Heimathauses zu finden sind. Beim Betrachten der Fotos stellt Laura fest: „Da auf dem Bild schaust du ganz anders aus als jetzt." Die Mädchen unterhalten sich über Sandras optische Veränderungen im Laufe des Jahres und über die Anordnung der Zimmer in ihrem Haus. Sandra erzählt, in welchem Zimmer sie schläft und wo sie am liebsten spielt. Laura hört zuerst interessiert zu und beschreibt dann auch ihr Zuhause und nennt ihren Lieblingsplatz und das beste Versteck.

Straßenverkehr ist Teil der Lebenswelt der Kinder und richtiges und sicheres Verhalten braucht Übung. Bei Spaziergängen und Ausflügen ist sich die Pädagogin ihrer Vorbildwirkung bewusst und bespricht mit den Kindern Verhaltensregeln für einen sicheren Umgang im Verkehr.

Gegen Ende des Kindergartenjahres nimmt ein Polizist aus der nächsten Polizeistation den „Fußgängerführerschein" ab. Dabei spazieren die Kinder in Gruppen unter Aufsicht des Polizisten auf Gehsteigen, an Straßenrändern und wechseln einige Male die Straßenseite. Die Kinder sind an diesem Tag aufgeregt, aber auch sehr aufmerksam. Die Vorfreude auf den ersten „Führerschein" war schon in der Vorbereitungszeit groß und voll Stolz zeigen die Kinder den Eltern und Geschwistern ihren Ausweis. Jeder „Fußgängerführerschein" ist mit einem Foto versehen, welches teilweise für herzhaftes Lachen sorgt. Da der Polizist das Überreichen der „Fußgängerführerscheine" aus Zeitgründen nicht selbst durchführen kann, schlüpft Felix in die Rolle des Polizisten.

Felix, der im Rollenspiel oftmals diese Rolle übernimmt, ist sehr stolz und eine würdige Vertretung. Er beglückwünscht jedes Kind und schüttelt ihm bei der Übergabe die Hand. Nur Michelle fühlt sich in der Situation nicht wohl und möchte nicht alleine zum „Polizisten" gehen. Loreen eilt helfend zur Stelle und bietet Michelle an, sie zu begleiten. Michelle nimmt Loreen an die eine Hand und hält ihr Kuscheltier in der anderen. Langsam geht sie in dieser Begleitung zu Felix, der ihr den „Fußgängerführerschein" behutsam überreicht.

Michaels Papa ist Feuerwehrmann und besucht die Kinder im Kindergarten. Er erzählt von den Aufgaben der Feuerwehr und bespricht das richtige Verhalten im Brandfall. Aufgeregt berichten die Kinder von der durchgeführten Brandschutzübung und zeigen den Treffpunkt im Garten. Nina erklärt, dass alle Kinder rasch beim Treffpunkt waren: „Das geht ganz schnell, weil wir unsere Schuhe nicht anziehen müssen." Auch Nicklas' Papa ist Gast im Kindergarten und erzählt von seiner Arbeit als Polizist. Er zeigt den Kindern das Polizeiauto und Gegenstände, die er zur Ausübung seiner Tätigkeit benötigt. Noch Tage nach den Besuchen der Elternteile drehen sich die Gespräche und Rollenspiele um deren Berufe. Michael und Niklas sind sehr stolz auf ihre Väter und erhalten von den Kindern entsprechende Anerkennung und Bewunderung, welche die beiden Buben sehr genießen. Immer wieder stehen sie im Mittelpunkt und geben „fachkundige" Auskunft.

Ethik und Gesellschaft

- Das Wohnumfeld kennenlernen
- Auseinandersetzung mit Wappen und Fahnen
- Organisation des Zusammenlebens in einer Gemeinde: Verkehrs- bzw. Nachbarschaftsregeln ….
- Heimatorterkundung aus Perspektive der Kinder
- Öffentliche Gebäude und deren Zweck erfahren
- Arbeitspatz der Eltern kennenlernen

Bei Spaziergängen durch das Ortsgebiet sind immer wieder Gebäude am Straßenrand und deren Bewohnerinnen und Bewohner Anlass für Gespräche. Die an den Kindergarten angrenzenden Nachbarn sind den Kindern gut bekannt und regelmäßiger Kontakt wird gepflegt. Bei Festen und Feiern im Jahreskreis werden die Nachbarn aus dem Seniorenwohnheim eingeladen und kleine Aufmerksamkeiten liebevoll vorbereitet.

Die Kinder kennen auch jene Personen, die für Erhaltung und Pflege des Kindergartenareals zuständig sind. Der Bürgermeister als Erhalter des Kindergartens, besucht die Kinder immer wieder und auch das Gemeindeamt wird von den Kindern gern besichtigt. Sehr interessant ist das Büro des Bürgermeisters, auch der große Besprechungstisch im Sitzungssaal beschäftigt die Kinder und wird bildnerisch dargestellt. Die Aufgaben eines Bürgermeisters und die Arbeiten, die in der Gemeinde zu erledigen sind, erstaunen die Kinder.

Sie erfahren, dass es Gesetze und Regeln für das Zusammenleben in der Gemeinde gibt, dass für Müllabfuhrpläne und bei Bautätigkeiten vorab Genehmigungen eingeholt werden müssen. Auch Fußballplatz, Feuerwehr, Schule, Bibliothek und Bank sind bekannte Einrichtungen und der nahe gelegene Kreisverkehr sorgt immer wieder für Gesprächsstoff. Im Baubereich wird St. Johann nachgebaut. Die für die Kinder wichtigen Gebäude und Plätze werden aus Bausteinen errichtet, mit Belebungsmaterial ausgestaltet und auch die Eisenbahnschienen durch den Ort geführt. Beim Bespielen der „Gemeinde St. Johann" werden ein Bürgermeister und ein Polizist bestimmt, die auf Einhaltung grundsätzlicher Regeln achten.

Eine aktuelle Gemeindezeitung liegt im Eingangsbereich des Kindergartens auf und wird von den Kindern interessiert durchgeblättert. Auf einigen Fotos sind bekannte Gebäude und Personen zu sehen. Tobias, Marc und Sebastian entdecken das Gemeindewappen und finden Gefallen an den abgebildeten Details. Die Pädagogin erklärt den Buben, dass das Gemeindewappen ein Zeichen für die Gemeinde ist und in der Form

einem Schutzschild von Rittern ähnelt. Die Buben sind begeistert und wollen mehr über Wappen wissen. Aus der Bibliothek entlehnt die Pädagogin ein entsprechendes Sachbuch, das sie ihnen zur Verfügung stellt. Die Buben beschließen, eigene Wappen für den Kindergarten zu malen. Bei einem Spaziergang entdeckt Tobias die brasilianische Flagge vor dem Gasthaus. „Das ist aber kein Wappen!" stellt er fest. Die Pädagogin bestätigt ihn und meint, dass diese Flagge vermutlich wegen der Fußball-Weltmeisterschaft ausgehängt wurde. Sie erklärt, wie die Flagge von Österreich aussieht. Einzelne Kinder kennen auch weitere Flaggen und beschreiben diese.

Im Gemeindeamt hängt eine Karte, in der alle Ortsteile der Gemeinde eingezeichnet sind. Die Pädagogin zeigt den Kindern auf dieser Karte, wo der Kindergarten liegt und welche Strecke sie zum Gemeindeamt zurückgelegt haben. Neugierig betrachten die Kinder diese Karte und möchten auch wissen, wo sie zu Hause sind. Die Pädagogin zeichnet die Gemeindeumrisse und Ortsteile auf ein Plakat, das im Bewegungsraum an der Wand angebracht wird. Im Zuge des Morgenkreises wird besprochen, dass jedes Kind sein Foto jenem Ortsteil zuordnen kann, in dem es zu Hause ist. Die Fotos werden aufgeklebt und die eigene Hausnummer wird ergänzt. So entsteht eine übersichtliche Karte, die von den Kindern intensiv betrachtet wird und zahlreiche Gespräche anregt.

Die Auseinandersetzung mit Karten und die Bedeutung der Linien, Zeichen und Farben fesselt die Kinder und nicht nur die Gemeindekarte, sondern auch die Bezirkskarte und die Weltkarte werden intensiv betrachtet. Die Kinder sind von den Größenverhältnissen beeindruckt und entdecken immer neue Symbole auf den Karten, die von der Pädagogin erklärt werden.

Die Volksschule befindet sich in gut erreichbarer Nähe zum Kindergarten. Zwischen den Kindergarten- und VolksschulpädagogInnen besteht eine gute Kooperation und gemeinsame Aktivitäten finden regelmäßig statt. Bei Besuchen der Bibliothek, die in den Räumlichkeiten der Volksschule untergebracht ist, werden Kontakte gepflegt, auch beim gemeinsamen Tanzen und Turnen mit den Volksschulkindern lernen Kindergartenkinder die Räumlichkeiten der Schule und Personen des Lehrkörpers kennen.

An manchen Tagen wird die Digitalkamera auf die Erkundungstouren durch die Gemeinde mitgenommen. Kinder erhalten Aufträge, bestimmte Gebäude oder Pflanzen zu fotografieren, was den Kindern großen Spaß macht. Die ausgedruckten Fotos werden für die Gestaltung der Gemeindekarte herangezogen und als Quiz aufbereitet.

Nur wenige Eltern haben innerhalb der Gemeinde einen Arbeitsplatz. Einige können besucht werden, andere kommen in den Kindergarten und erzählen von ihrem Beruf. Der Vater eines Mädchens führt im Ort ein Geschäft für landwirtschaftliche Geräte, das die Kinder besuchen dürfen. Die Oma eines Buben besitzt eine Landwirtschaft und lädt die Kinder zu sich ein, um ihr Tätigkeitsfeld vorzustellen. Die Kinder sprechen über Wege und Verkehrsmittel der Eltern zu ihren Arbeitsplätzen und überlegen, wie lange Strecken vom Heimatort zurückgelegt werden müssen.

Sprache und Kommunikation

- Symbol- und Bildsprache im öffentlichen Raum wahrnehmen und verstehen (Verkehrsschilder, Firmenlogos, Gemeindewappen ...)
- Spielerische Erfahrungen mit Schreiben und Schrift (Rollenspiele „Post", „Polizei")
- Interesse an Literatur durch Besuche der öffentlichen Bibliothek ausbauen
- Geschichten und Sagen aus der Region kennenlernen
- Umgang mit Distanz- und Vergleichsbegriffen wie näher – ferner, größer – kleiner
- Funktion der Zahlen als Ziffern zur Kodierung und Unterscheidung erkennen (Telefonnummern, Postleitzahl ...)
- Ratequiz rund um die Gemeinde entwickeln (Fragen formulieren, Antworten finden)

Im Eingangsbereich des Kindergartens finden sich Informationsmaterial, die pädagogische Konzeption, aber auch die aktuelle Ausgabe der Gemeindezeitung. Tobias, Marc und Sebastian blättern in der Gemeindezeitung und entdecken ein Foto des Bürgermeisters. Tobias stellt erfreut fest: „Den kenne ich, das ist der Herr Bürgermeister. Er war schon einmal bei uns daheim." Sebastian und Marc kennen ihn auch, denn er war bereits einige Male im Kindergarten auf Besuch, und sie wissen auch, wo er arbeitet. Tobias blättert weiter und entdeckt das Gemeindewappen. Interessiert betrachten die Buben die Burg, die darauf abgebildet ist. Die Pädagogin erkundigt sich, was das Interesse der Kinder geweckt hat, und erkennt beim Nähertreten, das es sich um das Gemeindewappen handelt. „Schau, eine Ritterburg!", rufen sie und zeigen auf das Bild. Die Pädagogin erklärt, dass hier das Gemeindewappen abgebildet ist. Gemeinsam suchen und besprechen sie alle Details, die am Wappen zu sehen sind. Die Buben überlegen, das Wappen zu zeichnen, um es an der Eingangstüre des Kindergartens für alle ersichtlich anzubringen.

Bei Spaziergängen durch die Gemeinde entdecken die Kinder immer wieder Verkehrszeichen und „lesen" Firmenlogos. Das Postamt, die Bank und das Lebensmittelgeschäft werden anhand der Bilder und Symbole erkannt und in Wegbeschreibungen als Kennzeichen genannt und wiedererkannt. Auch die Symbolik einzelner

Verkehrszeichen ist einigen Kindern bekannt und die Bedeutung kann erklärt werden. David zeigt den Kindern das „Andreaskreuz": „Da weiß man, dass da der Zug kommen kann".

Im Kleingruppenraum ist eine Polizeistation eingerichtet. Emsig werden Daten aufgenommen, Telefonate geführt, Strafzettel ausgestellt und bei Gelegenheit die Geschwindigkeit der Fahrzeuge im Garten kontrolliert. Felix ist als Polizist verkleidet und notiert auf seinem Block die Verkehrsübertretungen der Dreiradfahrer. Er ärgert sich über die rücksichtslosen Fahrer und schimpft: „Ihr müsst euch an die Verkehrsregeln halten, so geht das nicht!" Die Pädagogin rät den Kindern, Verkehrszeichen zu fertigen. Die Kinder überlegen und malen eine Stopptafel, eine Ampel, ein Vorrang- und ein Parkverbotsschild. Sowohl im Haus, für die Fahrten mit den Puppenwagen, als auch im Garten finden die selbst hergestellten Verkehrsschilder ihren Einsatz.

Für das Rollenspiel stehen zahlreiche Materialien für ein „Postamt" und eine „Feuerwehrstation" zur Verfügung und das Platzangebot dafür ist großzügig. Es werden die Rollenverteilung diskutiert, Spielideen ausgetauscht, Ereignisse und Erlebnisse nachgespielt sowie die Geräusche der Feuerwehrsirene und des Feuerwehrautos imitiert. Auf Blöcken können handschriftlich oder mithilfe einer Schreibmaschine Notizen, Briefe, Protokolle und Postkarten geschrieben werden.

Michelle und Angelina stellen Geburtstagskarten her, schreiben Glückwünsche und bringen sie zum Kindergarten-Postamt. Die Adresse muss noch ergänzt werden: David erklärt, dass eine Postleitzahl für die gewissenhafte Zustellung notwendig ist. Die beiden Mädchen sind ratlos, David unterstützt sie und schreibt Ziffern auf die Karten. „So, und jetzt abstempeln und fertig."

In der Polizeistation sind die Notfallnummern auf einem Plakat an der Wand ersichtlich. Luisa will die Telefonnummer des Kindergartens ergänzen und bittet die Pädagogin um Hilfe. Die Pädagogin schreibt zwei

Nummern auf und erklärt, dass eine für das Handy und die zweite für das Festnetztelefon steht. Luisa ist verwundert, wie lang die Nummern im Vergleich zu den Notfallnummern sind. Während sie konzentriert am Spieltelefon die Nummer des Kindergartens eintippt, kommt Stefan hinzu und spricht Luisa an. „Stör mich nicht, Stefan! Sonst verwähle ich mich und bin falsch verbunden!"

Die Kinder erzählen von ihrem Weg in den Kindergarten. „Ich wohne so weit weg, dass ich mit dem Bus fahren muss.", stellt Julia fest. „Und ich wohne noch weiter weg, ich fahre nach dem Bus noch mit dem Auto weiter", bringt sich Lara-Marie ins Gespräch ein. Christoph weiß auch etwas: „Der Herr Pfarrer hat ein Glück, der wohnt ganz nah beim Kindergarten." Julia zeigt sich interessiert: „Wohnt er in der Kirche?" „Nein, er wohnt im Pfarrhof, das ist das Haus unterhalb der Kirche", weiß Christoph.

Bei regelmäßigen Besuchen der Bibliothek werden Bücher für die Nutzung im Kindergarten entlehnt. Dabei werden Interessen der Kinder berücksichtigt und Bücher, die beim Schmökern ansprechend sind, ebenso mitgenommen. Für Tobias, Marc und Sebastian sucht die Pädagogin die Gemeindechronik und ein Wappenbuch aus. Auch eine große Gemeindekarte findet sich in der Bibliothek und wird mit in den Kindergarten gebracht. Die ausgewählten Bücher werden von Kindern und Pädagogin durchgeblättert und betrachtet, einzelne Geschichten aus der Gemeinde kindgerecht aufbereitet. Die Landkarte ist für die Kinder faszinierend: Die Linien und Farben, die Ziffern und Zeichen werden intensiv betrachtet und interpretiert. Die Pädagogin erklärt den Kindern die Funktion der Legende auf dem Rand der Landkarte. Begeistert stellen die Kinder eigene Landkarten her, zeichnen Legenden und fügen auch Fotos hinzu.

Die Pädagogin kopiert Bilder bekannter Gebäude und Bauwerke aus der Gemeindechronik. Die Kinder raten und benennen, um welches Gebäude es sich handelt, und kleben es mit Unterstützung der Pädagogin auf die selbst angefertigte Gemeindekarte.

Als alle Bilder zugeordnet sind, entwickelt sich ein Ratespiel: „Ich sehe etwas, was du nicht siehst …" Die Ratenden dürfen Fragen stellen, die bestmöglich beantwortet werden. Als Hilfestellungen werden Farbe und Form des Gebäudes oder Bauwerks beschrieben, nahe gelegene bekannte Straßen, Äcker, Gebäude genannt und Wege erklärt.

Der „Fußgängerführerschein" wird von der Pädagogin vorbereitet: In einem handlichen Format wird ein Ausweis ausgedruckt und persönliche Daten des Kindes werden eingetragen. Sie fotografiert lustige „Passfotos" der Kinder und klebt sie auf den Ausweis, der foliiert und von jedem Kind mit seinem Namen unterschrieben wird. Nach dem Spaziergang mit dem Polizisten bekommt jedes Kind sein Dokument von Felix, der als Polizist verkleidet ist, überreicht. Er gratuliert jedem Kind zum Erhalt des ersten Führerscheins. Einige bedanken sich, andere nicken und lachen erfreut. Einige Eltern beobachten die Situation. Voll Freude laufen die Kinder auf sie zu, zeigen ihre Ausweise und lassen sich das Geschriebene vorlesen.

Bewegung und Gesundheit

- Bewegungseinheit „Straßen, Wege und Fortbewegungsmittel"
- Gesundheitseinrichtungen im Umfeld kennenlernen
- Lust an Bewegung haben und Bewegungsherausforderungen meistern („weite" Strecken zurücklegen, bergauf gehen …)

Im Straßenverkehr sind alle Sinne gefragt, damit sich die Kinder sicher bewegen und auch einbremsen können.

Zur Mobilitätssteigerung ist es der Pädagogin ein Anliegen, Wahrnehmung und Reaktionsvermögen zu schärfen. Bei „Stop and go"-Spielen werden mit Farben der Ampel Signale gesetzt, für Gleichgewichtsspiele werden mit Klebebändern „Straßen" im Bewegungsraum auf den Boden geklebt. Die Spiele werden vorerst einzeln durchgeführt und schließlich auf Anregung der Pädagogin kombiniert.

Im Bewegungsraum gestalten Pädagogin und Kinder einen Verkehrsparcours aus Reifen, Seilen und Teppichfliesen, der mit Rollbrettern und Rutschfahrzeugen befahren. Immer wieder werden Verkehrshindernisse eingebaut, die ein geschicktes Umfahrungsmanöver erfordern. Im Parcours wird auch das Fahren auf der richtigen Straßenseite thematisiert. Für das Links- und Rechtsabbiegen werden unterschiedliche Signale vereinbart, ein Kind darf den anderen die Fahrtrichtung vorgeben. Auch „Blindgänge" auf dem Straßenparcours, bei welchen ein Kind führt und das andere folgt, werden unternommen. Die Geschwindigkeit im Parcours wird ebenfalls reguliert: Verkehrsschilder zeigen an, ob die Straße schnell oder langsam befahren wird.

Im Garten besteht ein gepflastertes Wegesystem, das mit Fahrzeugen befahren wird. Immer wieder entstehen neue Verkehrswege, Absperrungen, Straßenverengungen und Richtungsvorgaben. Die Kinder bauen Tankstellen, einen „Boxenstopp", Parkplätze und Schranken und entsprechende Nutzungsregeln werden ausgehandelt sowie deren Einhaltung eingefordert. Mit Straßenkreiden werden Zebrastreifen, Verkehrszeichen und Unfallmarkierungen aufgezeichnet. Die Fahrzeuge werden einzeln genutzt, aber auch Passagiere können mit Anhängern oder auf dem Lastwagen mitgenommen werden, was einen erhöhten Krafteinsatz erfordert. Somit ist ein abwechslungsreiches Spiel gegeben, das vielfältige Bewegungsformen ermöglicht.

Der Weg von zu Hause in den Kindergarten wird von einigen Kindern mit dem Fahrrad oder Rollern zurückgelegt. Die entsprechende Schutzkleidung liegt im Garderobenbereich und wird von den Kindern immer wieder gerne gezeigt. Helme, Knie- und Ellbogenschützer sowie spezielle Handschuhe werden von anderen bestaunt und vor allem die Schutzreflektoren erregen die Aufmerksamkeit. Die Kinder erkunden mit Vorliebe die Wirkung der Reflektoren, die auf Helmen, Jacken, Fahrrädern und auch Rucksäcken angebracht sind.

Die Erkundungstouren im Nahfeld des Kindergartens bieten den Kindern vielfältige Bewegungsmöglichkeiten. Der nahe gelegene Wald ist teilweise steil und das Klettern über Wurzelstöcke bergauf und bergab strengt an und erfordert Geschick. Das Begehen von verschiedenen Untergründen – Asphalt, Schotter, Waldboden, Wiese, unwegsames Gelände – stellt immer neue Anforderungen an die Kinder. Vor den Spaziergängen informiert die Pädagogin die Kinder über die Wegstrecke: Die Kinder entscheiden selbst, ob sie an kurzen, mittleren oder langen Ausgängen teilnehmen möchten. Besonders die „langen" Strecken stellen für manche Kinder eine Herausforderung dar, die sie bewusst und gerne annehmen im Wissen, dass es schon anstrengend werden kann. Nico stellt bei einem Ausflug, der bergauf führt, fest: „Das Bergsteigen ist echt anstrengend. Jetzt brauch ich einmal eine Pause. Ich bin richtig durstig." Die Pädagogin verweist auf den Rastplatz, der bereits in Sichtweite ist. Bei der Rast genießen die Kinder Wasser aus Trinkflaschen und ihre Jause, die sie sich am Jausenbuffet im Kindergarten vorbereitet haben.

Eine Gruppe von Buben ist im Fußballverein des Ortes aktiv. Auch im Kindergarten spielen sie ein Fußballmatch, wobei die Pädagogin als Schiedsrichterin fungiert. Bevor das Spiel startet, werden gelbe und rote Karten organisiert und die Fußballregeln besprochen. Die Fußballtore werden platziert und die Gruppeneinteilung wird mit Schleifen ersichtlich gemacht. Mit hohem Einsatz spielen die Buben, laufen und springen über das Spielfeld. Nachdem die ersten Tore gefallen sind, gibt es Ärger. „Er hat vorher bei uns gespielt", gibt Nico an, „jetzt, weil die anderen ein Tor geschossen haben, will er mit den anderen mitspielen." Die Schiedsrichterin klärt mit den beiden Mannschaften die Gruppeneinteilung und schon kann weitergespielt werden.

Zum Sportfest der Volksschule werden alle zukünftigen Schulkinder eingeladen. Kindergartenkinder, Volksschulkinder und Eltern beteiligen sich an den Spielaktivitäten im Rahmen eines Stationenbetriebs.

Aufgeregt berichten die Kinder am nächsten Kindergartentag von den sportlichen Herausforderungen und zeigen den jüngeren Kindern, welche Spiele absolviert wurden. Im Garten werden die Stationen nachgestellt und ausprobiert: „Da musst du mit den Riesenschiern zu dritt gehen. Wer als Erstes im Ziel ist, hat gewonnen.", erklärt Jasmin. Beeindruckt folgen Sarah und Hannah ihren Anweisungen.

Die Kinder spazieren an der Arztpraxis vorbei. Einzelne Kinder berichten, dass sie den Arzt kennen und erzählen von ihren Erfahrungen beim Arzt. Alexander bringt ein: „Ich war bei einem Arzt, der ist so weit weg, dass wir mit dem Auto hingefahren sind!" Eine Diskussion über Entfernungen zu Ärzten und Krankenhäusern entwickelt sich. Ein Kind erzählt, dass es schon einmal mit dem Rettungsauto mitgefahren ist.

Ästhetik und Gestaltung

- Schönes in der Umgebung entdecken: Natur und Kultur wahrnehmen, genießen und sich daran erfreuen
- Postkarten mit Ansichten der Gemeinde entwerfen
- Eigene Karte der Gemeinde erstellen und relevante Gebäude und Straßen eintragen
- Gemeindememory erstellen
- Das Gemeindewappen malen

Bei Spaziergängen und Ausflügen durch den Ort entdecken die Kinder immer wieder neue Details, die interessant, aufregend, schön oder witzig sind. Mit einer Digitalkamera ausgestattet dürfen Kinder abwechselnd ihre Eindrücke einfangen. Bäume, Blumen, Gegenstände, Teile von Gebäuden, Tiere, Fahrzeuge, Verkehrsschilder, Hinweisschilder, Hausnummern und Wolken sind beliebte Motive. Die Fotos der Kinder werden ausgedruckt, teilweise ausgeschnitten und foliert. Aus einigen der Fotos wird ein Memory hergestellt, andere Fotos werden zu Collagen verarbeitet.

Dem Wochenplan ist zu entnehmen, dass die Kinder das Haus, in dem sie wohnen, bildnerisch oder plastisch darstellen können. Vielfältige Materialien wie Holz, Ytong, Karton, Schachteln, Papier, Farbe und Pinsel, Bausteine, Konstruktionsmaterial und Stoffe stehen bereit. Die Pädagogin stellt Bilder von unterschiedlichen Gebäuden als Anschauungsmaterial zur Verfügung. Zur Ausgestaltung der Werke schneiden die Kinder aus Katalogen Tische, Stühle, Fenster, Türen, Pflanzen und Werkzeuge aus und bekleben ihre Häuser. Maxi und Daniel planen, gemeinsam ein Haus herzustellen. Zuerst zeichnen sie einen Bauplan auf ein Blatt Papier. Sie wählen als Material zur Umsetzung Holz aus und konstruieren einen speziellen Dachstuhl. „Wie unser Haus, das hat ein Schopfdach", erklärt Maxi. Laura, Julia und Sandra gestalten ein Haus aus Schachteln, ergänzen es mit Mobiliar und einer Puppe, die darin wohnt. Die Mädchen schenken das Haus Hannah zum Geburtstag. Valentina faltet sich ihr Haus mit Unterstützung der Pädagogin. Sie wählt für das Dach schwarzes Papier und erklärt: „Unser Dach ist schwarz, weil das gut zur gelben Hausfarbe passt."

Ayana schneidet Fenster und Türen aus und bemalt ihr Haus in Gelb. Die Pädagogin setzt sich neben sie und lässt ihren Finger aus dem Fenster des Hauses schauen. „Aus diesem Haus, da schaut Ayana raus", reimt sie dabei. Ayana lacht und erwidert: „Aus diesem Haus, da schauen Ayana, Camila, Mama und Papa raus!" Sebastian, der das Spiel der beiden beobachtet, möchte auch ein Haus mit ausgeschnittenen Fenstern haben. Blitzschnell zeichnet er ein Haus auf Karton und schneidet Löcher als Fenster aus. „Aus meinem Haus, da schauen Mama, Papa, mein Bruder und ich raus." Er zeichnet Gesichter auf seine Fingerkuppen und spielt spontan für seinen Freund Tobias ein „Haustheater".

Die Fahrzeuge und Notrufnummern der Polizei, Rettung und Feuerwehr werden als Collagen von den Kindern gestaltet. Sie schneiden dafür aus verschiedensten Zeitungen Bilder von Fahrzeugen und Menschen in Uniformen aus, fügen eigene Zeichnungen hinzu und beschriften das Bild mit den entsprechenden Notrufnummern. Die Collagen schmücken den Rollenspiel- und Eingangsbereich des Kindergartens.

Im Rollenspiel werden Briefe und Karten an Freunde und Familienmitglieder geschrieben und im „Postamt" aufgegeben. Angeregt von einer Postkarte, die ein Kind vom Urlaub an den Kindergarten geschickt hat, zeichnen die Kinder Ansichtskarten von der Gemeinde, wobei das Gemeindeamt, die Kirche und der Kindergarten bevorzugte Motive sind. Auch Briefmarken werden mit der Zackenschere ausgeschnitten und mit viel Geduld und Ausdauer detailreich gestaltet. Auf manchen Marken ist das Gemeindewappen zu sehen, da die im Wappen dargestellte Ritterburg, von einigen Buben besonders gern gezeichnet wird.

Die Pädagogin bereitet auf einem großen Plakat eine Karte der Gemeinde vor. Sie zeichnet die Umrisse der einzelnen Ortsteile und beschriftet diese. Ein Foto jedes Kindes und jedes Teammitglieds wird ebenfalls ausgedruckt. Im Morgenkreis zeigt die Pädagogin den Kindern die Karte und lädt sie ein, ihr Foto dort anzubringen, wo sie zu Hause sind. Einige Kinder wissen, in welchem Ortsteil sie wohnen und bringen ihr Foto gleich an. Zusätzlich schreiben sie die Hausnummer unter ihr Bild. Andere Kinder möchten noch Mama und Papa fragen, wo sie genau zu Hause sind. Nach drei Tagen ist die Karte vollständig. Gerne betrachten die Kinder ihre Karte und sind überrascht, dass Nachbarn in verschieden Ortsteilen wohnen können.

Nach einigen Tagen wird die Karte erweitert. Die Kinder zeichnen „wichtige" Gebäude und Verkehrsschilder, schneiden sie aus und kleben sie auf den entsprechenden Platz. Auch die Bahngleise sind ein für die Kinder wesentliches Detail, das in die Karte eingetragen wird. Ein Zug, der aus einem Spielzeugkatalog ausgeschnitten und hinzugefügt wird, vervollständigt das Werk. Auf Anregung der Pädagogin werden Blumen und Tiere aufgezeichnet, welche die Gemeindekarte als „Kunstwerk" erstrahlen lassen.

Natur und Technik

- Raumorientierung: Wege beschreiben und Lagepläne benutzen, Gemeindegrenzen und Ortsteile kennenlernen
- Grundverständnis von Relationen und Maßstäben
- Gemeindeerkundung und Festhalten besonderer Orte auf der Landkarte
- Formen entdecken und beschreiben (Hausformen, Formen von Gebäudeteilen …)
- Ordnungsrahmen in der Gemeinde entdecken (Hausnummern, Postleitzahl …)
- Pflanzenvielfalt in der Gemeinde wahrnehmen
- Funktion von Reflektoren für die Sicherheit im Straßenverkehr erkunden

Tobias erzählt von seiner Fahrt in den Kindergarten: „Ich fahre mit dem Bus geradeaus, dann um die Kurve, dann wieder geradeaus, wieder ein paar Kurven und dann über die Ampel. Dann bin ich schon im Kindergarten." Pädagogin bietet ihm an, den Weg aufzuzeichnen und stellt eine Kopie zur Verfügung, auf der ein Haus und der Kindergarten abgebildet sind.

Tobias nimmt einen blauen Farbstift und führt eine Linie vom Haus zum Kindergarten, die den Fahrtweg darstellt. Er zeichnet auch den Bus, die Bäume und die Ampel, die markante Kennzeichen auf dem Weg sind, auf seinen Plan. Tobias erklärt der Pädagogin seine Skizze, möchte aber auch auf der Gemeindekarte den Weg anschauen. Gemeinsam suchen sie auf der Karte seine Adresse und fahren mit dem Finger den Weg zum Kindergarten nach. „Auf der Karte ist das ein kurzer Weg", stellt Tobias fest.

Caitlin bringt sich nun in das Gespräch ein: „In Wirklichkeit ist das aber viel weiter als auf der Karte!" Die Pädagogin erklärt den Kindern, dass auf Karten Orte und Straßen „im Maßstab" dargestellt und in der Legende die richtigen Entfernungen nachzulesen sind. Auch Caitlin möchte ihren Weg in den Kindergarten zeigen: „Ich fahre im Kreisverkehr und dann über die Bundesstraße. Papa biegt vor der Ampel zum Kindergarten ab." Aufgrund des Interesses der Kinder, auf der Karte ihr Heimathaus und den Weg in den Kindergarten zu finden, beschließt die Pädagogin, mit den Kindern eine eigene Karte anzufertigen. Mithilfe des Overheadprojektors vergrößert sie die Umrisse der Gemeinde und zeichnet die Ortsteilgrenzen nach.

Valentina darf als „Reiseleiterin" den Weg zu sich nach Hause zeigen. Sie beschreibt markante Punkte, die am Weg liegen, und nennt die genaue Zieladresse. Während des Spaziergangs achten die Kinder auf die Hausnummern und versuchen, die Ziffern zu lesen. „Hat jedes Haus eine eigene Nummer?", fragt Marie. Die Pädagogin beantwortet ihre Frage und erklärt ihr die Funktion von Hausnummern in einer Gemeinde. Einige Kinder kennen ihre Wohnadresse und nennen ihre Hausnummer.

Plötzlich entdeckt David eine Hausnummer, die einen Buchstaben enthält. Die Kinder staunen und entwickeln daraus ein Suchspiel „Wer findet eine Hausnummer mit einer Fünf".

Im Kindergarten finden sich zahlreiche Materialen zum Messen, Vergleichen, Sortieren und Ordnen, um mathematische Grunderfahrungen zu ermöglichen. Legematerialien, wie Eislöffel, Plastikjetons, Muggelsteine, Perlen, Holzplättchen in unterschiedlichen Farben und Formen sind in großer Menge vorhanden. Maria und Marie-Christin legen Ziffern- und Zahlenkarten auf den Teppich und ordnen die entsprechende Menge an Plastiklöffeln zu. Maxi zählt die PET-Flaschen. Er braucht 120 Flaschen, da er seine Hausnummer in Flaschen aufstellen möchte. Weil zu wenige Flaschen vorhanden sind, ändert er sein Vorhaben. „Ich nehme dann so viele Flaschen, so alt ich bin." Er zählt sechs Flaschen und stellt sie in eine Reihe. Er fragt Daniel: „Wie alt bist du?" Er stellt weitere fünf Flaschen hinzu und zählt: „Zusammen sind das elf Flaschen. Du und ich sind elf Flaschen alt."

Beim Betrachten der Fotos, die während eines Spaziergangs entstanden sind, entdecken die Kinder die gerundeten Fenster der Kirche. Die Fotos der Gebäude werden nebeneinander gelegt und ein Vergleich der Fensterformen wird angestellt. Die Kinder entdecken quadratische und rechteckige Formen, Unterteilungen, Balken, dreieckige Fenster und sogar ein rundes Fenster. Auch die Farb- und Größenunterschiede werden bemerkt. Im Zuge der detaillierten Betrachtung stellen die Kinder auch fest, dass überwiegend gelb gefärbte Häuser auf den Fotos zu sehen sind. „Wie die Kirche! Die ist auch gelb und ein bisschen weiß.", erklärt Jakob. Die Kinder stimmen ihm zu und nehmen das Foto der Kirche in die Hand. „Das ist ein lustiges Dach, lauter Dreiecke mit einem kleinen Fenster darunter.", beschreibt Hannah

die Dachform des Kirchturms. Die Kinder tauschen sich über Dachformen aus und erzählen, welche Form und Farbe das Dach ihres Heimathauses hat.

Bei den Vorbereitungen für den „Fußgängerführerschein" ist Verkehrssicherheit ein wesentliches Thema. Schutzreflektoren an Helmen, Jacken, Rucksäcken, Fahrrädern und unterschiedlichen Anhängern faszinieren die Kinder. Sie leuchten, obwohl sie selbst kein Licht produzieren. Die Pädagogin ermöglicht ein Erkunden und Experimentieren mit den Reflektoren: In einem abgedunkelten Raum werden unterschiedliche Gegenstände aufgelegt und mit Taschenlampen bestrahlt, um die Wirkung von Reflektoren zu erfahren. Schließlich werden zwei Kinder als „Fußgänger" durch den dunklen Raum geschickt, wobei eines mit Reflektoren ausgestattet ist und das andere nicht. „Welcher Fußgänger ist besser sichtbar?", überlegen Pädagogin und Kinder nach dem Experiment und ziehen Rückschlüsse auf den Nutzen von Reflektoren für die eigene Sicherheit im Straßenverkehr. Die Pädagogin stellt den Kindern Reflektorenfolie zur Verfügung, um sich einen Anhänger für den Rucksack herzustellen.

Beim Ausflug in den Wald stellt die Pädagogin die Kinder vor die Aufgabe, den dicksten Baumstamm ausfindig zu machen. Die Kinder umarmen die Baumstämme und vergleichen den Umfang. Endlich ist der scheinbar dickste Baumstamm gefunden: Zwei Kinder werden benötigt, um ihn zu umgreifen. „Wie dick ist der?", fragt Henry und plant, das nächste Mal sein Rollmaß mitzunehmen. Bei Spaziergängen bemerken die Kinder die Vielfalt an Pflanzen und Bäumen, die in Wald, Wiese und Hausgärten zu finden sind. Das Wachstum von Kulturpflanzen und Blumen wird bewusst wahrgenommen und auch außergewöhnliche Pflanzen wie Palmen werden bestaunt.

Rund um den Kürbis

Impuls:

Zwei Kinder berichten im Morgenkreis vom benachbarten Bauern, der mit einem Traktor den Acker bearbeitet hat. Es entsteht eine rege Diskussion über landwirtschaftliche Geräte, das Bepflanzen und Säen. Beobachtungen von der Gartenarbeit der Eltern und Großeltern werden eingebracht. Auch das Hochbeet des Kindergartens soll wieder neu bepflanzt werden und die Kinder erinnern sich an die im Herbst von ihnen dafür getrockneten Kürbiskerne.

Rund um den Kürbis

Ästhetik/Gestaltung

- Die Natur sinnlich wahrnehmen, das Staunen genießen und die natürliche Umwelt als Entdeckungsfeld erleben
- Wachstumsfortschritte mit Fotos dokumentieren und in einem Buch veranschaulichen
- Collagen aus Katalogbildern, Fotos und mit Stempeltechnik herstellen
- mit Erdfarben experimentieren
- Kunstbetrachtung: Formen entdecken und beschreiben, ein ganzheitliches Kunstverständnis entwickeln
- Sensibilität für das Sinnlich-Schöne entwickeln: Verständnis und Interesse für Kunstwerke wecken

Sprache und Kommunikation

- Über Sachgespräche Wortschatz erweitern und Kommunikationsregeln einhalten
- Ideen und Hypothesen aufstellen und formulieren
- Bedeutung der Schriftsprache für das Festhalten und Zur-Verfügung-Stellen von Informationen erfahren
- Laute und Lautverbindungen differenziert hören und aufschreiben
- Worte notieren und Buchstaben vergleichen („Wie schreibt man Kürbiskern")
- Groß- und Kleinbuchstaben unterscheiden

Ethik und Gesellschaft

- Gedanken über das Wachstum der Samen und ökologische Grunderfordernisse austauschen
- Über den Wert eines gesunden Ökosystems Bescheid wissen und den Beitrag des einzelnen Menschen erkennen
- Über das „Wunder der Natur" – das Wachsen und Gedeihen – staunen
- Erfahrungen mit dem Werden und Vergehen von Leben in der Natur machen
- Verantwortungsvollen Umgang mit Pflanzen, Tieren und deren Lebensraum thematisieren

Bewegung und Gesundheit

- Zubereitung von Speisen als Genuss mit allen Sinnen erleben
- Grundverständnis über Produktion, Beschaffung und Verarbeitung von Lebensmitteln erwerben
- Bewusstsein über den Wert frischer Nahrungsmittel und die nachhaltige Bewirtschaftung des Gartens entwickeln
- Regionale Lebensmittel wertschätzen und deren Verarbeitung kennenlernen
- Motorische und koordinative Fähigkeiten und Fertigkeiten verfeinern
- Den Zusammenhang zwischen Ernährung, Bewegung und Gesundheit kennenlernen

Natur und Technik

- Naturwissenschaftliche Grundkenntnisse erwerben (Pflanzen produzieren Samen für neue Pflanzen, Voraussetzungen für das Wachstum sind Licht, Wärme, Wasser, Mineralien und Luft)
- Säen, Düngen und Ernten und andere ökologische Kreisläufe wie Kompostierung verstehen
- Verschiedene Arten von Pflanzen kennenlernen, beschreiben und klassifizieren
- Kurz- und längerfristige Veränderungen der Pflanzen beobachten, vergleichen, beschreiben und so mit ihnen vertraut werden
- Kürbiswachstum systematisch beobachten und dokumentieren
- Nutzung technischer Hilfsmittel in der Landwirtschaft zum Säen und Ernten kennenlernen
- Selbstständige technische Hilfsmittel (Digitalkamera) zu Dokumentationszwecken erproben
- Die Veranschaulichung des Wachstumsprozesses über Experimente erfahren

Emotionen und soziale Beziehungen

- Kooperativ und arbeitsteilig in einer Gruppe zusammenwirken
- gemeinsame Problemlösungen entwickeln und Mittel zur Zielerreichung austauschen
- Erkennen, wie der Ausdruck eigener Gefühle auf andere wirkt
- Verantwortungsbewusstsein, Achtsamkeit und Selbstwirksamkeit bei der Pflege der Pflanzen entwickeln
- Freude daran haben, selbst etwas zu bewirken

Emotionen und soziale Beziehungen

- Kooperativ und arbeitsteilig in einer Gruppe zusammenwirken
- gemeinsame Problemlösungen entwickeln und Mittel zur Zielerreichung austauschen
- Erkennen, wie der Ausdruck eigener Gefühle auf andere wirkt
- Verantwortungsbewusstsein, Achtsamkeit und Selbstwirksamkeit bei der Pflege der Pflanzen entwickeln
- Freude daran haben, selbst etwas zu bewirken

Die Kürbiskerne sollen im Hochbeet und in Töpfen gesetzt werden. Die einzelnen Arbeitsschritte sind besprochen und die Kinder wollen sofort aktiv werden. Henry ruft den anderen zu: „Ich nehme die Kerne!" Ayana ist damit nicht einverstanden, überlegt kurz und antwortet energisch: „Aber ich will auch ansäen!" Weitere Kinder möchten diese Tätigkeit auch ausführen und ein Aushandlungsprozess entsteht. Eine rege Diskussion über Vorgehensweisen und Zuständigkeiten verzögert das Vorhaben. Die einzelnen Kinder äußern ihre Wünsche über jene Arbeitsschritte, die sie übernehmen möchten. Besonders das Einsetzen der Kerne und das Eingießen sind begehrte Tätigkeiten. Letztendlich werden Kompromisse geschlossen und jedes Kind übernimmt die Verantwortung für seine Aufgabe.

Ayana ist für das Gießen zuständig. Die Pädagogin begleitet sie zum Brunnen. Die Gießkanne ist fast voll und sehr schwer. Ayana strengt sich sehr an und stöhnt, dennoch will sie die Unterstützung der Pädagogin nicht annehmen: „Das schaff ich alleine." Immer wieder stellt sie die Gießkanne ab und verschnauft kurz, bis sie damit am Hochbeet ankommt.

Stolz berichtet sie vom Transport und fordert die anderen Kinder auf, selbst auszuprobieren, wie schwer die volle Kanne ist. Ayana genießt die Bewunderung der anderen Kinder, als sie das hohe Gewicht der Gießkanne feststellen: „Du bist aber stark!" Sichtlich erfreut und bestärkt, auch schwierige Situationen allein zu bewältigen, bittet sie die Pädagogin, ein Foto von ihr mit der schweren Gießkanne für die Bildungsmappe (Portfolio) zu knipsen.

Nach den abgeschlossenen Setzarbeiten stellen die Kinder fest, dass ihre Hände schmutzig sind. „Ich gieße euch Wasser über die Hände.", schlägt Henry vor. Die Kinder sind einverstanden. Henry holt eine Gießkanne voll Wasser und achtet darauf, dass für jedes Kind die gleiche Menge Wasser zur Verfügung steht. Nachdem alle Hände sauber sind, übernimmt Camila die Gießkanne und nun kann auch Henry seine Hände waschen.

Die Kürbiskerne sind versorgt und die Arbeitsutensilien wieder weggeräumt. Für die Kürbiskerne in den Töpfen muss ein geeigneter Platz gefunden werden. Es werden Meinungen und Vorschläge ausgetauscht. „Wir brauchen Licht und Wärme und wir müssen sie gießen und das Wasser läuft unten aus den Töpfen." gilt es für die Auswahl des geeigneten Standortes zu bedenken. Schnell wird klar, dass Untersetzer notwendig sind. „Stellen wir die Kürbisse in den Waschraum, da haben wir den besten Platz und alle können die Kürbisse anschauen." Camila schlägt vor, auch ein Schild über den Kürbispflanzen anzubringen. „Damit die anderen wissen, was da wachsen wird.", begründet sie ihr Vorhaben. Die Pädagogin stellt Kopien zur Verfügung und Camila gestaltet und beschriftet ein Plakat.

Regelmäßig werden Wachstumsfortschritte begutachtet. Die Kinder übernehmen die Verantwortung für die Pflege der Pflanzen und zeigen und erklären anderen interessierten Kindern die Fortschritte. Das stetige Wachstum bestärkt die Kinder in ihrem Tun und hält das Interesse aufrecht. Endlich sind die Setzlinge bereit, in das Hochbeet zu übersiedeln.

Sehr behutsam setzen die Kinder gemeinsam mit der Pädagogin die Pflanzen aus. In diesem gesamten Prozess haben die Kinder den Wert der Kooperation und Arbeitsteilung erlebt und begutachten voll Stolz das Ergebnis der gemeinsamen Arbeit. Die Freude wird auch mit den Eltern geteilt, die zu einer Führung zum Hochbeet eingeladen werden.

Während des Sommers sind nicht alle Kinder im Kindergarten. Die Verantwortung für die Pflege der Pflanzen wird von den jeweils anwesenden Kindern selbstverständlich übernommen. In der kindergartenfreien Zeit werden die Pflanzen gelegentlich von den Pädagoginnen gegossen. Zu Kindergartenbeginn sind die Kinder überrascht, wie groß die Kürbisse geworden sind. Auch die SchulanfängerInnen besuchen den Kindergarten, um den Riesenkürbis zu begutachten.

Ethik und Gesellschaft

- Gedanken über das Wachstum der Samen und ökologische Grunderfordernisse austauschen
- Über den Wert eines gesunden Ökosystems Bescheid wissen und den Beitrag des einzelnen Menschen erkennen
- Über das „Wunder der Natur" – das Wachsen und Gedeihen – staunen
- Erfahrungen mit dem Werden und Vergehen von Leben in der Natur machen
- Verantwortungsvollen Umgang mit Pflanzen, Tieren und deren Lebensraum thematisieren

Die Natur bietet eine Vielfalt von Dingen und Phänomenen, die es wert sind, untersucht zu werden. Die Erfahrungen der Kinder werden von der Pädagogin wertgeschätzt und erhalten entsprechend Raum und Zeit. Während der vorösterlichen Zeit beschäftigen sich die Kinder mit Wachstum und Vergehen. „Die Geschichte vom kleinen Samenkorn" von Eric Carle begleitet die Kinder dabei. Die Pädagogin versucht, die Thematik „Leben" aus unterschiedlichsten Perspektiven zu betrachten. Die Auseinandersetzung mit dem Wachstum der Kürbispflanzen ist dabei ein wichtiger Aspekt. Die Kinder lernen, dass Pflanzen viel Geduld und Pflege brauchen, aber fürsorgliche Pflege allein kein Garant dafür ist, dass aus einem Samenkorn eine Pflanze gedeiht. Die Kinder erfahren zudem, dass nicht alle Samen keimen und Wachstum passiert. „Warum ist aus diesem Kern keine Pflanze geworden?", hinterfragt Lukas. Zahlreiche Hypothesen werden von den Kindern aufgestellt, keine ist zufriedenstellend.

Das Wachstum der Kürbispflanzen wird regelmäßig beobachtet und im Herbst werden schließlich gemeinsam die Früchte geerntet. Immer wieder staunen die Kinder über die Fortschritte, die Länge der Ranken, über

Die Vorfreude auf den gemeinsamen Erntetag ist groß und Pläne für die Verarbeitung der Früchte werden geschmiedet. Mögliche Speisen werden vorgestellt und für die Lieblingsgerichte der Kinder Rezepte gesucht. Bei der Zubereitung der Kürbissuppe ist es Nina und Caitlin ein Anliegen, Suppe für alle Kinder zuzubereiten. Für die gelungene Kürbiscremesuppe erhalten die beiden Lob und Anerkennung: „Die Kürbissuppe schmeckt wirklich ausgezeichnet", teilt Maria den Köchinnen mit.

Größe und Formen der Kürbisse. Aber es gibt auch Rückschläge, wenn Schnecken oder der starke Regen Pflanzen oder Früchte beschädigen. Die Pädagogin versteht sich während dieser Zeit als Moderatorin der Bildungsprozesse einzelner Kinder. Einige Kinder beschäftigen sich aufgrund der zerfressenen Kürbisse mit dem Thema Schnecken. Von besonderem Interesse ist die Verfolgung der Bewegung und der Laufwege von Schnecken. „Kann eine Schnecke balancieren?", fragt Noah. Die Pädagogin regt eine intensive Auseinandersetzung mit dieser Fragestellung an: Sie fordert die Kinder auf, eine Schnecke im Garten zu finden, um das Balancierverhalten von Schnecken zu überprüfen. Kaum ist die Schnecke gefunden, werden unterschiedliche Balanciermöglichkeiten vor dieser aufgelegt: ein Holzstück, ein Wollfaden und ein Seilstück. Die Schnecke überquert die Gegenstände und hinterlässt dabei eine Schleimspur, darauf balancieren kann sie nicht.

Es kommt auch vor, dass Pflanzen ohne ersichtlichen Grund verwelken. Die Auseinandersetzung mit dem Sterben von Pflanzen verlagert sich zum Teil in die Familien und in wiederkehrenden Gesprächen zwischen Pädagogin und Eltern werden Interessen und aktuelle Themen der Kinder ausgetauscht.

Ein besonderes Erlebnis ist die hohe Anzahl von Kürbiskernen, die jeder einzelne geerntete Kürbis enthüllt. Es wird gezählt und abgewogen. „So viele Samen aus nur einem Kürbis!", ruft Tim begeistert. Dieser Ernteerfolg muss geteilt werden: Im gemeinsamen Gespräch wird überlegt, wer beschenkt werden soll. Für die Kinder ist es von besonderer Bedeutung, ihre Geschenke persönlich zu übergeben und so an der Freude des anderen teilzuhaben.

das Ansäen der Kürbissamen. Die Pädagogin führt mit den Kindern anhand des Buches ein Sachgespräch, wobei Kinder ihr eigenes Wissen einbringen. Camila meint: „Die Tulpen haben wir ja auch ausgesetzt, aber die haben keinen Samen, sondern eine Zwiebel." Die Pädagogin bespricht mit den Kindern unterschiedliche Formen von Saat- und Pflanzgut.

Die Kürbiskerne werden in kleinen Töpfen mit Erde vorgezogen. Dabei unterhalten sich die Kinder über Größe, Form und Farbe der Kerne. Loreen fragt: „Warum können wir die Kerne nicht im Hochbeet ansäen, so wie die anderen?", Henry weiß eine Antwort: „In der Nacht ist es jetzt noch zu kalt für die kleinen Samen, deshalb müssen wir sie drinnen hinstellen."

Sprache und Kommunikation

- Über Sachgespräche Wortschatz erweitern und Kommunikationsregeln einhalten
- Ideen und Hypothesen aufstellen und formulieren
- Bedeutung der Schriftsprache für das Festhalten und Zur-Verfügung-Stellen von Informationen erfahren
- Laute und Lautverbindungen differenziert hören und aufschreiben
- Worte notieren und Buchstaben vergleichen („Wie schreibt man Kürbiskern")
- Groß- und Kleinbuchstaben unterscheiden

Wachstumsereignisse im Hochbeet und im Naschgarten sorgen für wiederkehrende Gesprächsanlässe: vom Entdecken der ersten Pflanzenspitzen über Erfahrungen mit Schädlingen bis hin zur Ernte. Viele Erkenntnisse, Entdeckungen und Forscherfragen werden einander mitgeteilt und wichtige Fundstücke im Kindergartenfoyer ausgestellt, wie beispielsweise besondere Steine oder Insekten in Lupenbechern. Offene Fragen und die Suche nach eigenen Antworten laden zur Auseinandersetzung mit Lexika und Bilderbüchern ein.

Das Fotobilderbuch „Der kleine Kürbiskern" von Monika Brugger dient als Gesprächsgrundlage für

Nachdem die Kürbissamen in der Erde sind, kopiert die Pädagogin eine Bildfolge der Wachstumsstadien vom Kürbis für die Gestaltung eines Plakates. „Ich schreib noch dazu, was da eingesetzt wurde!" Camila macht sich Notizen in ihrer eigenen „Schriftsprache" und vergleicht ihr geschriebenes Wort „Kürbiskern" mit dem Cover des Bildbandes. Camila fragt nach: „Was ist das für ein Buchstabe?" „Ein Ü, das ist ein Umlaut. Du schreibst ein U und darüber zwei Striche, dann spricht man Ü", erklärt die Pädagogin. „Aha – ein Umlaut", wiederholt Camila erstaunt.

Auf Anregung der Pädagogin stellen Henry und Camila Pflanzenstecker zur Beschriftung der angesäten Pflanzen her. Vorerst notieren sie auf einem Zettel die Pflanzennamen und vergleichen gemeinsam mit der Pädagogin „ihre Worte" mit der Schreibweise im Sachbuch. Nachdem jeder Buchstabe abgeglichen ist, übertragen sie die Wörter auf die Pflanzenstecker.

Die einzelnen Stadien des Wachstums werden immer wieder von den Kindern fotografisch festgehalten und im Morgenkreis die Fortschritte anhand der Bildkarten mitgeteilt.

Einige Kinder gestalten sich daraus für ihre Bildungsmappe (Portfolio) eine Bildfolge, worauf die einzelnen Wachstumsstadien der Kürbispflanze zu sehen sind. Andere ordnen die Bilder als Bildgeschichte und bitten die Pädagogin, eine selbst formulierte Geschichte des Kürbiskerns dazuzu schreiben.

Bewegung und Gesundheit

- Zubereitung von Speisen als Genuss mit allen Sinnen erleben
- Grundverständnis über Produktion, Beschaffung und Verarbeitung von Lebensmitteln erwerben
- Bewusstsein über den Wert frischer Nahrungsmittel und die nachhaltige Bewirtschaftung des Gartens entwickeln
- Regionale Lebensmittel wertschätzen und deren Verarbeitung kennenlernen
- Motorische und koordinative Fähigkeiten und Fertigkeiten verfeinern
- Den Zusammenhang zwischen Ernährung, Bewegung und Gesundheit kennenlernen

Auf der Freispielfläche des Kindergartens finden sich neben Möglichkeiten zum eignen Gestalten und Entdecken, zu Rückzug und Bewegung auch Hochbeete und ein Naschgarten für Kinder. Kräuter, Gemüse und Beerenfrüchte werden hier gepflanzt, gepflegt und geerntet. Das Außengelände steht den Kindern über die gesamte Öffnungszeit zu jeder Jahreszeit als Spiel- und Gestaltungsraum zur Verfügung. Die an die jeweilige Witterung angepasste Kleidung ist dafür unentbehrlich und vollständig und übersichtlich im Zugangsbereich zum Garten untergebracht. Die Pädagogin selbst zeigt beständiges Interesse an Naturphänomenen, Pflanzen und Insekten und macht durch ihr Vorbild Kinder nicht nur neugierig, sondern unterstützt damit den Erwerb von Umweltwissen und Sachkompetenzen.

Endlich sind Kresse, Schnittlauch und Petersilie bereit zur ersten Ernte. Eifrig schneiden Jasmin und Hanna diese ab, waschen und zerkleinern sie und ergänzen damit das Jausenbuffet. Am Nachmittag bereiten die Kinder mit der Pädagogin daraus einen Kräuteraufstrich für die Jause zu. Im Frühling werden neue Pflanzen gesät und gesetzt: Kürbisse, Radieschen, Karotten, Erdbeeren und Ringelblumen finden Einzug ins Hochbeet.

Caitlin entdeckt die ersten Knospen der Kürbisblüten. Sie weiß, dass man die Kürbisblüten auch essen kann. Am Nachmittag werden für die Jause gefüllte Kürbisblüten zubereitet. Weil die selbst zubereitete Speise so gut schmeckt, möchten einzelne Kinder das Rezept zum Nachkochen nach Hause mitnehmen. Das ausgedruckte Rezeptblatt wird von den Kindern liebevoll gestaltet und mit Kürbisblüten verziert.

Regelmäßige Spaziergänge zum benachbarten Kürbisacker finden bei den Kindern reges Interesse. Die Wachstumsfortschritte wollen genau betrachtet werden und erfordern ein Balancieren auf der Begrenzungsfurche des Ackers. Je nach Witterung stellt das Begehen dieser Furche eine mehr oder weniger hohe Anforderung dar.

Reife Kürbisse dürfen in Absprache mit dem Bauern von den Kindern geerntet werden: Einige Kürbisse werden mit dem Leiterwagen gezogen, andere Kinder möchten „ihren Kürbis" tragen. Das Ziehen, Schieben, Heben und Tragen der Ernte fordert die Kraft und Ausdauer der Kinder.

Im Kindergarten angekommen regen die im Garten aufgelegten Kürbisse zur Bewegung an: Die Kinder steigen oder springen über die Früchte und bauen Slalombahnen, die zu einem Wettlauf einladen.

Voll Eifer werden die Kürbisse anschließend gereinigt, geteilt und ausgehöhlt. Aus dem Fruchtfleisch werden Kürbissuppe, Kürbiskuchen und Kürbisstrudel zubereitet. Mit Messern, Löffeln und Schälgeräten bearbeiten die Kinder die Kürbisse. „Das geht aber ganz schön schwer, weil der Kürbis ist so hart", beschreibt Maria ihre Tätigkeit. Sie arbeitet mit hohem Krafteinsatz und benötigt immer wieder eine Pause, in der sie ihre Finger lockert und ausschüttelt. „Ilhh ..., das ist gatschig", kommentiert Tim das Herausnehmen der Kürbiskerne.

Die Kerne der Kürbisse werden getrocknet und mit Schokolade oder Meersalz verfeinert. Vor allem die Herstellung von „eigenen Süßigkeiten" ist ein besonderes Erlebnis. Helle und dunkle Schokolade stehen dafür zur Auswahl und dürfen auch verkostet werden. Einige der getauchten Kürbiskerne stehen als Kostprobe noch am selben Tag bei der Jause zur Verfügung. Der Großteil jedoch wird aufgehoben und als Elterngeschenk für Weihnachten verpackt.

Ästhetik
und Gestaltung

- Die Natur sinnlich wahrnehmen, das Staunen genießen und die natürliche Umwelt als Entdeckungsfeld erleben
- Wachstumsfortschritte mit Fotos dokumentieren und in einem Buch veranschaulichen
- Collagen aus Katalogbildern, Fotos und mit Stempeltechnik herstellen
- mit Erdfarben experimentieren
- Kunstbetrachtung: Formen entdecken und beschreiben, ein ganzheitliches Kunstverständnis entwickeln
- Sensibilität für das Sinnlich-Schöne entwickeln: Verständnis und Interesse für Kunstwerke wecken

Das Ansäen der Kürbisse eröffnet den Kindern viele sinnliche Eindrücke. Sie riechen an der feuchten Erde, vergleichen Farbe und Konsistenz der Erdarten und entdecken, dass nasse Erde Spuren hinterlässt. Die Pädagogin greift diese Erlebnisse auf und bietet den Kindern im Garten „Erdfarben" zum Malen an. In unterschiedlichen Brauntönen entstehen Muster, die wahlweise mit Fingern oder Stöcken auf Karton aufgebracht werden.

Luisa und Loreen stellen „Kürbisackerbilder" her. Luisa malt den Acker in Brauntönen und viele grüne Kürbisblätter auf ein großformatiges Papier. Loreen malt große und kleine Kürbisse in verschiedenen Farbschattierungen, die nach dem Trocknen ausgeschnitten und auf Luisas Acker geklebt werden.

Die geernteten Kürbisse werden geteilt. Die Kinder stellen Unterschiede zwischen den einzelnen Sorten fest: Schale, Fruchtfleisch und Anordnung der Kerne ergeben unterschiedliche Muster. Die Pädagogin fotografiert die ganzen Kürbisse, die Schnittflächen und Kerne. „Warum fotografierst du den Kürbis?", fragt Tim. „Ich mache daraus ein Spiel für euch", antwortet die Pädagogin. Am nächsten Tag zeigt die Pädagogin Tim das selbst hergestellte Kürbismemory, das aus den Fotos entstanden ist.

Die Wachstumsfortschritte der Kürbispflanzen werden von der Pädagogin und den Kindern mit Fotos dokumentiert. Immer wieder entdecken die Kinder Veränderungen und fordern die Pädagogin auf, diese festzuhalten. Auch als eine Schnecke ein großes Blatt zerfrisst, ist es den Kindern ein Anliegen, diese Entdeckung zu fotografieren. Die Fotos werden gemeinsam sortiert, in ein Album geklebt und mit Datum versehen. Im Laufe der Zeit entsteht so ein umfassendes Kürbisbilderbuch, in dem das Wachstum der Kürbispflanze vom Samenkern bis zur Frucht nachvollziehbar ist. Immer wieder nehmen die Kinder dieses selbst gestaltete Fotobilderbuch zur Hand und führen Gespräche über ihre Erlebnisse und Erfahrungen mit den Pflanzen.

Aus einem Kunstkalender wählt die Pädagogin das Bild „Der Sommer" von Giuseppe Arcimboldo (italienischer Maler, 1526–1593) zur Bildbetrachtung aus. Als Einstieg sind Gemüse und Obst in einem Korb unter einem Tuch versteckt. Die Kinder sollen durch Tasten erraten, welche Frucht sie ergriffen haben. Schließlich zeigt die Pädagogin den Kindern das Bild aus dem Kunstkalender. Es ist lustig, die Früchte und Blumen im Bild zu entdecken. Gemeinsam wird überlegt, welche der abgebildeten Gemüse- und Obstsorten und der Blumen auch im Kindergarten wachsen. Dabei wird der Kürbis thematisiert.

Die Pädagogin regt die Kinder an, dem Bild einen Titel zu geben. „Gemüsesuppengesicht", schlägt Alexander vor. Niklas überlegt, dass alle Früchte auf dem Bild zum Essen sind und meint, „Erntegesicht" wäre passend. Die Pädagogin teilt den Kindern den Originaltitel mit und stellt einen Bezug zum Herbst und zur Erntephase her. Marie erzählt, dass sie zu Hause mit der Oma in einen Kürbis ein Gesicht geschnitzt hat. Begeistert von Maries Idee möchten die Kinder Kürbisgesichter herstellen. Die Pädagogin stellt entsprechende Utensilien zur Verfügung. Aus dem Fruchtfleisch werden Kürbissuppe und

Kürbiskompott zubereitet. Die freundlichen und gruseligen Kürbisgesichter empfangen die Eltern und Kinder im Eingangsbereich des Kindergartens.

Weiterführend stellt die Pädagogin Prospekte, Pflanzenkataloge und Fotos für Collagearbeiten zur Verfügung. Obst, Gemüse und Blumen werden ausgeschnitten und zu lustigen Gesichtern angeordnet. Zusätzlich nutzen die Kinder Stempel in unterschiedlichen Formen, um das Bild auszugestalten und die Gesichter zu verfeinern. Die Pädagogin bereitet im Klangstudio Körbe mit unterschiedlichsten Legematerialien (Ketten, Seile, Filzblüten, Steine, Plättchen, Stäbe) und verschiedene Tücher vor. Zu leiser klassischer Musik werden Kinder eingeladen, Gesichter zu gestalten.

Die Kinder legen unterschiedliche Formen: Quadrate, Kreise, Spiralen, Rechtecke. Sie vergleichen die Formen mit der Form der Früchte, die in Arcimboldos Bild die einzelnen Gesichtsteile darstellen. Nach dem Mittagskreis wird zur Betrachtung der einzelnen Werke eingeladen. Die Kinder haben die Möglichkeit, die Bilder über mehrere Tage liegen zu lassen und Veränderungen vorzunehmen.

Natur und Technik

- Naturwissenschaftliche Grundkenntnisse erwerben (Pflanzen produzieren Samen für neue Pflanzen, Voraussetzungen für das Wachstum sind Licht, Wärme, Wasser, Mineralien und Luft)
- Säen, Düngen und Ernten und andere ökologische Kreisläufe wie Kompostierung verstehen
- Verschiedene Arten von Pflanzen kennenlernen, beschreiben und klassifizieren
- Kurz- und längerfristige Veränderungen der Pflanzen beobachten, vergleichen, beschreiben und so mit ihnen vertraut werden
- Kürbiswachstum systematisch beobachten und dokumentieren
- Nutzung technischer Hilfsmittel in der Landwirtschaft zum Säen und Ernten kennenlernen
- Selbstständige technische Hilfsmittel (Digitalkamera) zu Dokumentationszwecken erproben
- Die Veranschaulichung des Wachstumsprozesses über Experimente erfahren

Voll Tatendrang finden sich einige Kinder rund ums Hochbeet ein, um die Neubepflanzung vorzunehmen. Eine große Auswahl von Samen und Zwiebeln sind vorbereitet und Pflanzenerde steht zur Verfügung. Ayana und Philipp erinnern sich, dass im Gartenhaus Gießkannen, Blumentöpfe, Schaufeln und ein Sack mit Erde im Herbst verstaut wurden und jetzt nützlich sein könnten. Die beiden packen die Utensilien in die Scheibtruhe und bringen sie zum Hochbeet. Die Pädagogin betrachtet gemeinsam mit den Kindern Samen, Zwiebeln und Wurzeln. Sie halbieren eine Tulpenzwiebel und den Kern des Kürbisses. David möchte die Hälften genauer betrachten und holt Lupen und das Mikroskop. Sorgsam stellt er das Mikroskop auf einen Gartentisch und positioniert die Zwiebelhälfte unter der Linse: „Schau, da ist ein brauner Streifen zu sehen!", stellt er fest.

Maxi und Daniel entdecken im Hochbeet ein großes Loch und bohren mit dem Finger hinein. Eine intensive Auseinandersetzung mit Behausungen von Insekten wird in Gang gesetzt. David, Valentina und Luisa finden Käfer und Ameisen. Hans-Jörg beobachtet die Situation und bringt ein Tierlexikon, um die Bezeichnungen der vorgefundenen Insekten nachzuschlagen.

Camila und Henry pflanzen Radieschensamen und Steckzwiebel direkt in das Hochbeet. „Diese Blumenzwiebel musst du aber ganz mit Erde bedecken, sonst kann sie nicht wachsen", erklärt Camila. Blumentöpfe werden für die Anzucht mit Erde befüllt und Samen gleichmäßig verteilt. Die Pädagogin regt die Kinder an, die Töpfe je nach Pflanzenart unterschiedlich zu markieren. Sogleich machen sich Henry und Camila an die Arbeit und stellen Pflanzenstecker für die Beschriftung her. Zusätzlich gestalten sie ein Plakat zum Vorgang des Pflanzens.

Valentina und Luisa sind damit beschäftigt, Samen für „Keimkraftexperimente" in Gläser zu legen, um die Keimung von Hülsenfrüchten genauer beobachten zu können. Die Mädchen überlegen, ob die „dicken Bohnen" vor den kleinen runzeligen Erbsen aufspringen werden. Täglich kontrollieren die beiden ungeduldig die Keimfortschritte.

Nach ca. drei Stunden ist in den beiden Gläsern gleich viel Wasser. Küchenpapier verfügt über viele lang gestreckte Hohlräume zwischen den Fasern, die man auch „Kapillaren" nennt. Der Kapillareffekt führt dazu, dass Wasser gegen die Schwerkraft in einer Kapillare nach oben steigt.

Die Pädagogin bringt eine besondere Kürbispflanze mit in den Kindergarten: Die Sorte „Der Lange von Neapel" soll einen speziellen Platz zum Wachsen bekommen. Die Kinder staunen, als sie berichtet, dass dieser Kürbis bis zu einen Meter lang werden kann.

Nach einiger Zeit erscheinen die ersten Spitzen der Kürbispflanze. Die Blattform irritiert die Kinder. „Die Form sieht aus, wie ein Ei" – „... zwei lange runde Kreise" – „... unsere Kürbisse zu Hause haben aber anders ausgesehen, sind das die gleichen?" – „...vielleicht ist das gar keine Kürbispflanze?"

David hat die Idee, die Blattformen zu vergleichen. Auch die Blätter der Radieschen, der Kresse, des Winterweizens und der einzelnen Kräuter im Hochbeet werden untersucht. Schließlich stellt David fest, dass alle Pflanzen zu Beginn ähnlich aussehen – aber dann doch ganz unterschiedlich weiterwachsen. Die Pädagogin schlägt vor, die kleinen Pflanzen zu fotografieren. Anhand der ausgedruckten Fotos bestimmen Pädagogin und Kinder mithilfe eines Sachbuches die Pflanzen und deren botanische Namen. „Cucurbita heißt der Kürbis. Cucurbita pepo ist der Gartenkürbis", lesen die Kinder mit der Pädagogin fasziniert und amüsiert nach. David möchte auch zu Hause ein „Pflanzendedektiv" sein und borgt sich die Fotokarten aus, um im Gemüsegarten bei Mama die Pflanzen zu vergleichen.

Während des Einsetzens der vorgezogenen Kürbispflanzen im Hochbeet betrachten und behandeln die Kinder die feinen Wurzeln. Die Pädagogin erklärt die Funktion der Wurzeln. Zum besseren Verständnis leitet sie ein Experiment zur „Kapillarwirkung" an. Zwei Gläser, wovon eines mit gefärbtem Wasser gefüllt ist, stehen dicht nebeneinander. Ein Stück Küchenkrepp wird zusammengerollt und über beide Gläser gelegt, sodass die Enden in die Gläser hängen. Innerhalb einiger Stunden wandert das Wasser nun über die Küchenrolle vom vollen in das leere Glas.

Engagiert wird ein geeigneter Platz gesucht und auch gefunden. Die Pflanze wird besonders gehegt und gepflegt, denn Philipp und Camila wollen den längsten Kürbis der Gemeinde ernten.

Zeitgleich werden auf einem benachbarten Acker Kürbisse eingesetzt. Die Kinder beobachten genau, was passiert, die anwesende Pädagogin moderiert und erklärt. Viele Fragen beschäftigen die Kinder: „Wie kommen die Kerne in die Erde?" „Wie viele Kürbisse werden da angesät?", ... Die Funktionsweise der Setzmaschine wird besprochen. „Müssen die Kerne am Acker auch gegossen werden?" Die Pädagogin erklärt, dass der Bauer auf günstiges Wetter für die Keimung der Kerne wartet. Er nützt die Feuchtigkeit im Boden und die Wärme der Sonne für seine Aussaat.

Regelmäßig besuchen Kinder den Kürbisacker, beobachten und dokumentieren die Entwicklung der Pflanzen. Die Kinder messen und vergleichen Größe, Form und Farbe der Blätter und Früchte vom Ackerkürbis mit dem Gartenkürbis im Hochbeet. Als im Herbst die Kürbisse reif sind, werden sie halbiert und das Fruchtfleisch wird von den Kernen getrennt. Die Kerne trocknen auf Papier in der Sonne. Die auf diese Weise vorgetrockneten Kerne werden auf ein Backblech gegeben und im Backrohr geröstet. „So werden sie länger haltbar gemacht. Die Hitze entzieht den Kernen das Wasser", erklärt die Pädagogin den Kindern.

Später werden die Kürbiskerne als Knabberei genascht und zu Weihnachtsgeschenken verarbeitet.

Verwendete, zitierte und weiterführende Literatur

BEP – Bayerisches Staatsministerium für Arbeit und Sozialordnung,
Familie und Frauen & Staatsinstitut für Frühpädagogik, München (2003):
Der Bayerische Bildungs- und Erziehungsplan für Kinder in Tagesein-
richtungen bis zur Einschulung. Weinheim, Basel, Berlin: Beltz Verlag.

Charlotte Bühler Institut im Auftrag der Ämter der Landesregierungen
der österreichischen Bundesländer, Magistrat der Stadt Wien & Bundes-
ministerium für Unterricht, Kunst und Kultur (2009): Bundesländer-
übergreifender BildungsRahmenPlan für elementare Bildungseinrichtungen in Österreich. Wien: BMUKK

Cölle Gisela (1997): Der Sternenbaum. Zürich: Nord-Süd-Verlag

Fthenakis Wassilios E., Schmit Annette, Eitel Andreas, Gerlach Franz,
Wendell Astrid, Daut Marike (2009): Natur – Wissen schaffe. Band 3:
Frühe naturwissenschaftliche Bildung. Troisdorf: Bildungsverlag EINS

Fthenakis Wassilios E., Schmit Annette, Eitel Andreas, Gerlach Franz,
Wendell Astrid, Daut Marike (2009): Natur – Wissen schaffe. Band 5:
Frühe Medienbildung. Troisdorf: Bildungsverlag EINS

INA – Gesellschaft für innovative Pädagogik, Psychologie und Ökonomie an der
Freien Universität Berlin im Auftrag für die Senatsverwaltung für Bildung,
Jugend und Sport Berlin (2004): Berliner Bildungsprogramm für die Bildung,
Erziehung und Betreuung von Kindern in Tageseinrichtungen bis zu ihrem
Schuleintritt. Berlin: Verlag das netz

Mienert Malte (2007): Welchen Sinn haben die Bildungspläne? Was
bedeuten sie für meine Arbeit? Darum einen Bildungsplan!. In: Braun
Ulrich, Mienert Malte, Müller Stephanie, Vorholz Heidi (Hrsg.):
Frühkindliche Bildung im Team gestalten und umsetzen – Konzepte,
Praxisbeispiele, Materialien. Berlin, Stuttgart: Raabe 1-22 http://www.
mamie.de/pdf/BildungsplanRaabe.pdf

Tietze Wolfgang, Schuster Käthe-Maria, Grenner Katja, Roßbach
Hans-Günther (2005): Kindergarten-Skala. Revidierte Fassung (KES-R).
Berlin: Cornelsen Scriptor

Weitze Monika, Battut Eric (2008): Als der kleine rosa Elefant einmal sehr
traurig war und wie es ihm wieder gut ging. Zürich: Bohem Press

Methoden des Kindergartens

Die inhaltlich und grafisch aktualisierten Klassiker der drei Bände von „Methoden des Kindergartens" nutzen nicht nur der Ausbildung von PädagogInnen sondern sind auch für jede Einrichtung unentbehrlich.

ZeitRaum Kindergarten
Methoden des Kindergartens 1
192 Seiten, 2005
ISBN 978-3-9500307-0-9

Aus dem Inhalt: Raumgestaltung, Tagesablauf, Sozial- und Lernformen, Spiele und Aktivitäten …

EntwicklungsRaum Kindergarten
Methoden des Kindergartens 2
232 Seiten, 2005
ISBN 978-3-9500307-1-6

Aus dem Inhalt: Didaktische Prinzipien, Pädagogische Konzepte, Fähigkeiten und Fertigkeiten, Sprache …

LebensRaum Kindergarten
Methoden des Kindergartens 3
256 Seiten, 2006
ISBN 978-3-9500307-2-3

Aus dem Inhalt: Berufsbild, Werte, Qualität, Lebenssituationen, Religion, Medien, Übergang in die Schule …

Fachbuchreihe Pädagogik

• **Freizeitpädagogik im Hort – Theoretische Überlegungen und gelungene Praxisbeispiele.** (2013)

Von Lisa Kneidinger. Gezeigt wird, wie Nachmittage für Schulkinder spannend gestaltbar sind und was es dazu braucht. 108 Seiten, **ISBN 978-3-9500307-9-2**

• **Mit Medien bewusst umgehen. Förderung von Medienkompetenz im Kindergartenalter.** (2012)
Von Christian Swertz (Hg.). 13 Best-Practice-Beispiele aus österreichischen Kindergärten (erprobt im Zug des Projekts „Mediengarten" – Kooperationsprojekt der Uni Wien mit BAKIPs). 160 Seiten, **ISBN 978-3-9500307-8-5**

• **Gelebte Qualität – Qualitätsstandards in der pädagogischen Praxis für ein- bis sechsjährige Kinder.** (2009)
Von Matthias Schäfer (Hg.) in Zusammenarbeit mit „Kinder in Wien". Aus dem Inhalt: Qualitätsmanagement und -standards, Alterserweiterung als Betreuungsform, Beobachtung, Projekte, Teamarbeit … 156 Seiten, **ISBN 978-3-9500307-5-4**

• **Balanceakt Hortpädagogik – Qualitätsentwicklung am Weg zwischen Selbstverantwortung und Fremdbestimmung.** (2009) Von Lisa Kneidinger. Aus dem Inhalt: Hort im Spannungsfeld, Entwicklungspsychologie 6- bis 12-jähriger Kinder, Kriterien und Beispiele gelebter Qualität in der Hortpraxis… 124 Seiten, **ISBN 978-3-9500307-6-1**

• **Sprechen lernen, Sprache finden – Kinder zur Sprachförderung begleiten.** (2007)
Von Claudia Danzer, Renate Krenn und Martin Kranzl-Greinecker (Hg.). Aus dem Inhalt: Sprachentwicklung und -verständnis, Zweitspracherwerb, Elternarbeit, Fremdsprachen im Kindergarten … 120 Seiten, **ISBN 978-3-9500307-4-7**

• **Religion macht Kinder kompetent – Elf Themen praxisnah aufbereitet.** (2006) Von Josef Peterseil, Ulrike Stadlbauer und Silvia Habringer-Hagleitner. 96 Seiten, **ISBN 978-3-9500307-3-0** (ohne Abbildung)